카시러의 기술철학 읽기

지은이 에른스트 카시러 Ernst Cassirer

에른스트 카시러(1874~1945)는 유대계 독일 철학자이다. 브로츠와프(브레슬라우) 태생으로 1892년에 베를린 훔볼트 대학에서 법학, 독문학, 철학을 전공했다. 지멜(Georg Simmel)의 강의를 통해 헤르만 코헨(Hermann Cohen)을 알게 되고, 코헨의 지도로 박사 논문 『수학적, 자연과학적 인식에 대한 데카르트의 비판』(*Descartes' Kritik der mathematischen und naturwissenschaftlichen Erkenntnis*)을 썼다. 1919년 새로 생긴 함부르크 대학 철학과 교수로 부임한 카시러는 인식론에서 문화철학으로 관심을 확대했으며, 특히 1923년부터 1929년까지 세 권으로 된 주저 『상징적 형식의 철학』(*Philosophie der symbolischen Formen*)을 완성했다. 1933년 1월에 히틀러가 집권하자 3월에 독일을 떠나 영국에서 지내다 1935년부터 1941년까지 스웨덴 예테보리 대학에서 교수직을 맡았으며, 1941년부터 미국 예일 대학, 1944년부터는 컬럼비아 대학에서 교수직을 수행하다 1945년에 뉴욕에서 사망했다. 미국에서는 『인간이란 무엇인가』, 『국가의 신화』를 집필했다.

옮긴이 및 해설 조창오

연세대학교 국문과와 동 대학 대학원 철학과를 졸업하고 독일 로이파나 대학교에서 『현대의 멜랑콜리적 구성과 상징. 헤겔의 현대비극 개념』(2014)으로 박사학위를 받았다. 현재는 부산대학교 철학과 교수로 재직하며, 예술철학과 기술철학, 사회철학을 중점적으로 연구하고 있다. 지은 책으로 『예술의 종말과 현대예술』(2019)이 있으며, 옮긴 책으로 『기술철학 개요』(2021), 『기술철학 입문』(2021), 『늙어감에 대하여』(2019) 등이 있다.

카시러의
기술철학 읽기

**인간의
자유를
확장하는
기술**

에른스트 카시러
지음

조창오
옮김·해설

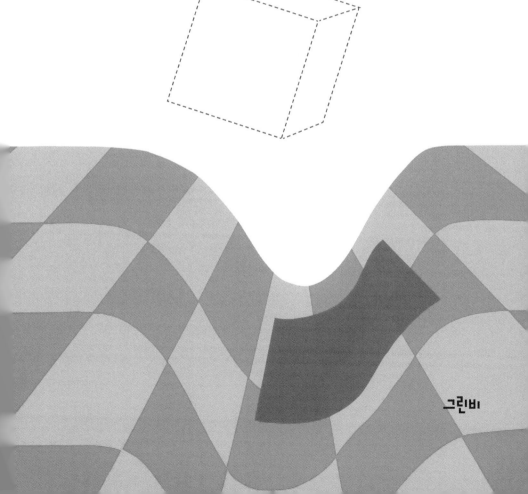

그린비

머리말

이 책은 카시러의 논문 「형식과 기술」(1930) 번역 부분과 이를 해석하는 부분으로 구성되어 있다. 이 논문은 카시러의 기술철학을 잘 보여 주고 있다. 말하자면 기술(Technik)은 상징적 형식의 한 방식으로서 정신의 자기실현의 한 가지 방식이다. 인간의 문화는 다양한 상징적 형식으로 이루어져 있으며, 이들은 서로 대립하기도 하면서 서로 조화로운 관계에 있기도 하다. 말하자면 형식들은 역동적인 관계에 있다. 정신은 이처럼 다양한 방향으로 자기를 실현함으로써 다채로운 문화를 형성한다. 상징적 형식은 단순히 하나의 상징적 기호 체계를 의미하는 것이 아니다. 오히려 그것은 자신에 맞는 세계를 구성하는 기능을 수행한다. 즉 각각의 상징적 형식은 자신만의 세계를 구성한다. 그래서 다채로운 문화는 다양한 세계를 포함하고 있다. 물론 문화는 이러한 형식의 다양성을 통해 자유로운 인간을 형성해 나간다. 자유로운 인간은 또한 윤리적이기도 하다. 인간성의 고양이 바로 문화의 전체 목적이다. 기술은 문화의 한 부문으로서 이러한 전체 목적에 복무한다. 말하자면 기술은 인간을 자유롭게 한다.

위 논문은 위와 같은 내용을 우리에게 보여 준다. 하지만 카시러의 기술철학 논문은 아직 한국어로 번역되지도 않았으며, 그의 기술철학은 기술철학 담론에서 제대로 논의도 되고 있지 못하다. 때문에 이 논문에 대한 정확한 번역이 필요하다고 생각했다. 더군다나 대한민국에서 카시러의 철학이 그렇게 많이 알려지지도 않은 데다가, 카시러의 언어는 그리 쉽지도 않다. 그런 점에서 이 논문을 소개하고, 이를 쉽고 폭넓게 해설하는 일이 시급하다고 생각해 번역보다 긴 해설을 덧붙였다. 해설은 카시러의 전체적인 문화철학의 문맥 속에서 카시러의 기술철학을 이해하는 데 주안점을 뒀다. 번역을 읽고 해설을 읽으면, 카시러의 부분적인 의도가 명확히 드러날 것으로 기대한다. 하지만 해설은 하나의 해석에 불과하다. 오히려 해설은 카시러의 논문이 담고 있는 풍부한 의미를 가리고 선별할 수 있다. 그런 점에서 독자는 하나의 해석에 불과한 해설을 단지 해설로만 읽기를 바란다. 물론 번역 또한 하나의 해석에 불과하다. 그래서 궁극적으로는 카시러의 원문을 읽는 게 가장 낫다는 점 또한 강조하지 않을 수 없다.

카시러의 기술철학 논문 번역은 표현을 그대로 옮기는 것보다는 쉽게 읽고 이해할 수 있는 데에 주안점을 뒀다. 그래서 표현을 풀어서 번역한 부분도 많다. 직역을 하면 카시러의 원래 표현을 직접 전달하는 효과가 있겠지만, 독자의 쉬운 이해를 위해서는 의역이 더 낫다고 생각한다.

차례

일러두기

1 이 책은 에른스트 카시러(Ernst Cassirer)의 논문 「형식과 기술」(Form und Technik, 1930)과 그에 대한 옮긴이의 해설을 묶은 것이다. 카시러의 논문은 *Symbol, Technik, Sprache*(hrsg. von Ernst Wolfgang Orth und John Michael Krois, unter Mitwirkung von Josef M. Werle, Hamburg, Meiner Verlag, 1995, pp. 39~92)에 수록되어 있다.

2 독자의 이해를 돕기 위해 옮긴이가 추가한 각주는 [옮긴이]로 표기했다.

3 단행본·정기간행물 등의 제목에는 겹낫표(『 』)를, 논문·단편·영화 등의 제목에는 낫표(「 」)를 사용했다.

4 외국어 고유명사는 2017년 국립국어원에서 개정한 외래어 표기법을 따르되, 관례가 굳어서 쓰이는 것들은 그것을 따랐다.

1부

카시러의 「형식과 기술」

I

인간 문화의 개별 영역이 가지는 의미 기준을 그것의 실재적 **영향력**에서 찾는다면, 즉 개별 영역의 가치를 그것의 직접적인 **성취**를 통해 규정한다면, 이 기준에 의하면 우리의 현재적인 문화에서 기술은 첫 번째 위치를 차지하는 것이 확실하다. "기술의 우위"를 비난하든 찬양하든, 강조하든 저주를 내리든, 기술이 우위에 있다는 순수한 사실은 확실한 것처럼 보인다. 우리의 현재적인 문화를 형성하는 힘들의 전체적인 에너지는 점점 더 이 한 지점에 모이고 있다. 기술에 저항하는 가장 강력한 반대 힘들조차, 즉 내용과 의미의 측면에서 기술과 가장 멀리 떨어져 있는 정신적인 힘들조차 이들이 발휘되려면 오로지 기술과 연합해서만 가능하며, 이러한 연합 속에서 부지불식간에 기술의 지배에 놓이게 된다. 이러한 종속은 오늘날 많은 이들이 보기에 현대 문화가 지향하는 유일한 목적이자 이 문화의 멈출 수 없는 운명이다. 하지만 이 사물의 진행을 제한하고 멈출 수 없다고 생각해도 우리에게는 아직 마지막 물음이 남아 있다. 정신은 본질적으로, 그리고 그 기초규정상 전적으로 **외부에 의해** 규정되는 것을 참아 내거나 인내하지 못한다. 낯선 위력에 종속되어 자신의 활동이 이 위력에 의해 규정된 것처럼 보일 때도, 정신은 적어도 이 규정 자체의 핵심과 의미 속으로 파고들려고 노력해야만 한다. 이를 통해 자신을 지배하는 운명 자체를 다시 정신의 자유를 통해 극복한다. 종속된 위력에서 벗어나 이를 극복할 수 없다고 해도 정신은 이 위력을 인식하고 이를 있는 그대로 **볼 것을** 요구한다. 그리고 진실한 진지함으로 이루어지는 이 요구가 단순히 "관념적인" 의미만을 가지는 것도, "단순한 생각"의 영역에만 머무는 것도 아니라는 점을 누차 보여 줬다. 이 봄의 투명함과 규정함으로부터 **작용** (Wirken)의 새로운 힘이 나온다.[1] 이 힘으로 정신은 모든 외적인 규정, 사물과 사물 작용이 가하는 단순한 숙명에 대항한다. 정신은 자신을 외적으로 규정하는 것처럼 보이는 위력들을 **사유하며**(besinnt), 이를 통해 이미 정신 자신으로의 회귀와 내부로의 전환을 가져온다. 사물 세계 속으로 나아가는 대신 정신은 이제 자신으로 돌아온다. 작용의 넓은 영역으로 흩어지기보다 정신은 자신을 중심으로 종합하면서 이 집중 속에서 새로운 세기와 깊이에 도달한다.

　우리는 기술 영역에서 확실히 이러한 관념적 요구를 충족시키지 못하고 있다. 기술 영역에서 사유와 행위, 지식과 작용 간의 틈새가 계속 열리고 벌어진다. 시대의 철학이 오로지 시대를 "생각 속에

1　[옮긴이] "작용"(Wirken)이란 표현은 이 논문에서 사물의 작용만을 가리킨다.

파악"하며 현실이 자신의 형성 과정을 완성하고 "끝마칠 때" 세계에 관한 생각으로서 비로소 등장한다는 헤겔 명제가 옳다면, 지난 세기 동안 이뤄진 기술의 비교할 수 없는 발전에 맞춰 **사유 방식의 전환이** 이뤄질 것이라고 기대할 수 있을 것이다.[2] 하지만 이 기대는 철학의 현재적인 처지를 보면 불완전하게만 실현된 상태다. 19세기 중반부터 기술 영역의 원천으로부터 생겨난 문제들이 계속 추상적인 "철학적" 탐구의 대상이 되고, 탐구의 새로운 목표와 새로운 방향을 지시했음은 분명하다. 학문론도 가치론도 이 영향에서 빠져나오지 못했다. 인식론, 문화철학, 형이상학도 기술 영역의 넓이와 증가하는 위력을 보여 주고 있다. 이 연관은 현대 인식론의 특정 흐름에서 가장 명확하게 드러나고 있다. 이 흐름은 "이론"과 "실천"의 전통적 관계를 반대로 뒤집으려고 하며, 이론적인 "진리"를 "유용함"의 특수 사례로 정의한다.

하지만 이 "실용적인" 사유 경향 이외에도 기술 개념과 기술 물음이 철학 **전체에** 미치는 영향은 분명히 증가하고 있다. 현대의 **생철학도** 스스로가 기술적 문제에 가장 강력하게 저항하는 것처럼 보이지만 자주 이들 문제에 종속되어 있다. 생철학은 자신이 비웃곤 했던 그 [기술과의] 연쇄에서 벗어날 수 없다. 하지만 기술 **영역과** 철

---

2   [옮긴이] 헤겔은 『법철학』에서 "미네르바의 부엉이는 황혼이 깃들 무렵에야 비로소 날갯 짓을 시작한다"고 적으면서 철학이 미래를 보여 주는 것이 아니라 현재의 생동하는 현실의 과정이 마무리되는 때에 이러한 현실을 생각으로 파악한다고 말한다(G. W. F. Hegel, 『법철학(베를린, 1821)』, 서정혁 옮김, 지식을만드는지식, 2020, 68쪽). 말하자면 철학은 앞으로 오게 될, 와야만 하는 미래를 제시하는 것이 아니라 이미 완결된 현재를 생각, 사상의 방식으로 보여 준다.

학 영역이 불가피하게 접촉한다고 해서, 이 접촉이 둘 사이에 내적인 공통성이 새롭게 형성되기 시작했음을 증명하는 것은 결코 아니다. 그러한 공통성은 단순히 [기술의 일방적인] 외부적 "영향"이 모인다고 해서 생길 순 없다. 아무리 영향이 항상 다양하고 강력하다고 생각된다 해도 그렇다. 철학과 기술 간의 **연결**이 이루어져 실증주의와 경험주의 체계를 형성했고, 여기선 마흐(Ernst Mach)의 경제원칙만을 인식론의 기초로 사유할 필요가 있다. [하지만] 이러한 연결이 둘 간의 참된 **통일**이라는 가상을 산출해선 안 된다. 이 통일은 철학이 다른 문화의 기초영역에서 점점 더 그리고 더 명확한 의식으로 충족시켰던 보편적 기능을 이 **기술** 영역에서도 실행하는 데 성공한다면 달성된 것이라 할 수 있다. 르네상스 이후 철학은 현대 정신의 모든 위력을 자신의 담론 속으로 끌어들여 이들의 의미와 권리, 원천과 타당성을 물었다. 타당성의 근거, 즉 칸트가 명명하듯이 **권리**(quid juris) 물음은 모든 정신적 형식원칙에 대해 제기되며, 이 물음 속에서 형식원칙 각각의 특수한 고유성의 근거가 발견되며, 그것의 자체 의미와 자체 가치가 발견되고 입증된다. 수학, 이론적 자연 인식, "역사"와 정신과학의 세계에서 철학은 이러한 입증, "비판적" 사유와 정당화에 성공했다. 물론 여기서 계속 새로운 문제들이 불거져 나와 "비판" 작업이 결코 끝나지 않았음에도, 이 작업 **방향**은 칸트의 "선험철학"의 초석 이래 우리에게 확실하다. 하지만 기술은 철학의 자기 사유 영역에서 아직 확실한 자리를 잡지 못했다. 기술은 아직도 주변부적인 성격을 지니는 것처럼 보인다. 기술 영역의 성장에 비해 기술에 관한 고유 인식, 그것의 정신적 "본질"에 대한 통찰은 이에 보조를 맞추고 있지 못하다. 이러한 불균형, 기술적 세계의 핵심으로 들어가지 못하는 "추상적" 사유의 무력함에 우리 시대의 문화 경향 속에 있는 내적 긴장과 대립의 근본 동기가 놓여 있다. 이 긴장의 해소는 두 극단의 중립화와 둘 간의 타협의 길로는 결코 희망할 수도, 찾을 수도 없다. 가능한 통일로 나아가는 길은 오히려 특수화에 대한 통찰과 그것의 재빠르고 지체 없는 인정을 거쳐야 한다. 이 특수화는 단순한 차이, 진짜 **극단성** 그 이상이다. 여기서부터 현재의 발전 시점에서 철학이 기술에 대해 충족시켜야 할 과제의 고유한 내용이 도출된다. 이 과제는 문화 전체에서, 그래서 문화의 사유적 표현인 체계적 철학 전체에서 기술에 특정한 "자리"를 지정하는 것, 그러니까 기술을 단순히 다른 영역과 형태, 즉 "경제"와 "국가", "인륜성"과 "법", "예술"과 "종교" 옆에 위치시키는 것으로만 한정할 순 없다. 왜냐하면 정신의 영역 속에서 분리된 영역들의 단순한 병렬은 존재하지 않기 때문이다. 여기서 공통성은 결코 공간적-정적인 것이 아니라 오히려 역동적인 종류이다. 한 요소가 다른 것과 "함께" 있다는 것은 둘이 서로에 **반해** 주장하면서, 이러한 반대작용 속에서 서로 "대결하는" 것이다. 그래서 새롭게 추가되는 요소는 이 대결이 이루어지는 정신적 지평의 범위를 확장할 뿐 아니라 봄의 **방식** 자체를 변화시킨다. 형태화 과정은 바깥으로만 확장되는 게 아니라 자체 속에서 내밀화와 상승을 경험하며, 이와 함께 질적 변형, 고유한 변형이 이루어진다. 그래서 현대철학이 점점 더 자신의 내용 체계 속에서 기술을 위한 "공간"을 확보하는 것만으로는 충분치 않다. 이런 방식으로 확보한 공간은 참된 체계-공간을 형성하기보다는 수집-공간에 불과할 것이다. 철학이 자신의 과제에 충실하려면, 그래서 문화의 논리적 **양심**이라는 특권을 주장하려면,

인식 이론, 언어, 예술의 "가능 조건"에 관해 묻듯, 기술적 작용, 기술적 형태화의 "가능 조건들"에 관해 물어야 할 것이다. 여기서 철학은 의미 물음을 그 기초로부터 해명한 후에야 비로소 존재 물음과 권리 물음을 던질 수 있게 된다. 하지만 이 해명은 우리의 고찰이 기술적 **작품** 영역, 기술적 작용의 결과물 영역에만 한정한다면 성공할 수 없다. 여전히 한정된 관점으로만 고찰하고 묻는다면 기술 세계는 침묵할 것이다. 우리가 여기서 **형성된 형식**(forma formata)에서 **형성하는 형식**(forma formans), 생성된 것에서 생성의 원칙으로 돌아갈 때 비로소 기술 세계는 자신을 열어 그 비밀을 포기하기 시작할 것이다.

오늘날은 체계적 철학에서보다는 기술을 다루고 기술적인 생산적 노동 현장에서 일하는 사람들이 [생성의 원칙으로의] 돌아감의 필요성을 더 강하게 느낀다. "유물론적" 사유 방식, 유물론적 물음 제기의 위력은 이미 오래전부터 기술에 통하지 않는다. 기술의 근거와 권리를 연구하는 곳에서는 점점 더 명확하고 점점 더 의식적으로 기술이 구현하고 있는 "이념"에 관해, 기술 속에서 채워지는 정신적 본질 규정에 관해 물음을 제기하기 마련이다. "기술의 원천은 이념이다"라고 기술철학에 관한 최신 저작 중 하나가 주장하고 있다.[3] 같은 분야의 다른 저자는 다음처럼 표현한다. "우리는 기술을 더 커다란 현상인 문화 발전 일반의 유기적인 부분 현상으로 고찰할 것이다. 우리는 기술을 문화이념 체계 속에서 필수적으로 요구되는 기초이념의 역사적 실현이자 물질적 표현으로 이해하려고 노력

---

3 Friedrich Dessauer, *Philosophie der Technik, Das Problem der Realisierung*, Bonn, 1927, p. 146.

할 것이다. 이 기초이념은 그것의 일시적인 현상들이 행위하는 주체의 동기나 경향의 갈등 속에서 매우 다양하게 나타나지만, 기술적 창조의 모든 가시적으로 파악 가능한 소재를 그 내면에서 지배하고 있다. 이를 표현하는 주체의 낮은 관심 영역을 넘어 역사를 총괄하는 **초개인적인 이념적 공통성**을 파악해야만 한다. 이 공통성은 인간의 행위를 맹목적인 법칙처럼 규정하지 않는다. 오히려 이 공통성은 그 행위를 통해 [실현되면서도] 인간으로부터 자유로운 것으로 파악되며, … 역사 속에서 현실화된다."[4] 답변이 어떻든 간에 **물음** 자체는 항상 모든 정신적인 기초결정들이 속하는 영역을 향하고 그 수준까지 올라간다. 동시에 이 물음 제기를 통해 문제는 다시금 자신의 첫 번째 역사적 원천으로 돌아가고 매우 특이하고 놀라운 방식으로 이 원천과 결합된다. 왜냐하면 기술의 구체적인 현존재로 둘러싸인 삶의 방식을 지닌 여기 현대적 사유가 기술의 기초문제를 보는 방식 그대로 이미 2000년이 넘는 과거에 "이념"과 "이념세계"의 발견자가 이를 봤기 때문이다. 플라톤이 "이념"[이데아]과 "현상"의 관계를 발전시키고 이를 체계적으로 정당화하고자 할 때, 이 정당화를 위해 무엇보다 자연 생산물이 아니라 테크네의 작품과 형성물(Gebilde)을 고찰했다. "수공업자", "데미우르고스"의 기술은 그에게 이념의 의미와 지시체(Sinn und Bedeutung)를 표현하는 위대한 모델 중 하나이다. 왜냐하면 이 기술은 플라톤에 따르면 여기 앞에 현전하는 것의 단순한 **모방**(Nachbildung)이 아니라 기술자(Künstler)가

---

4 Eberhard Zschimmer, *Philosophie der Technik. Vom Sinn der Technik und Kritik des Unsinns über die Technik*, Jena, 1914, p. 28.

창조할 때 바라보는 **모범**, 원상을 기초로 해서만 가능하기 때문이다. 베틀을 처음으로 발명한 기술자는 베틀이란 도구의 형식과 규정, 형상(에이도스)과 목적(텔로스)을 직관하면서 이를 감각세계 속에 이미 주어진 것으로 **발견한** 것이 아니라 감각세계에 **도입했다**. 오늘날 베틀 제작자도 베틀이 작업 중 망가져 새로운 것을 창조하고자 할때 부서진 기구를 모델이자 모범으로 보지 않는다. 그의 작업에 도움을 주는 베틀은 첫 번째 발명가의 정신 속에 떠오른 그 **원천적** 형식에 대한 직관이다. 감각세계 속에 있는 개별 사물이 아니라 이 보편적인 형식이 베틀의 고유하고 참된 "존재"를 기초 짓고 형성한다.[5] 플라톤주의의 이 기본적인 기초동기가 기술의 의미와 본질에 관한 현대적 반성에서 다시금 되살아난 것은 우연에 불과할까? 데사우어 (Friedrich Dessauer)에 따르면 "더 높은 위력과 현실 영역으로부터 기술자 및 노동자의 정신과 손을 거쳐 경험과 위력의 엄청난 물결이 세속적 존재로 넘어온다. 정신적 물결은 혼돈의 질료적 세계로 흘러들고, 각자는 창조자에서 노동자에 이르기까지 실행자이자 수용자로서 이에 참여한다". 막스 아이트(Max Eyth)는 동일한 의미로 다음처럼 말한다. "기술은 인간의 의욕에 물질적 형식을 주는 모든 것이다. 인간의 의욕은 인간의 정신과 거의 일치하고, 정신은 생의 무한한 외화, 생의 무한한 가능성을 포함하기 때문에 기술은 재료 세계에 묶여 있다고 해도 순수 정신적 생의 무제한성으로부터 무언가를 물려받는다."[6] 이러한 표현을 보면 기술의 기초와 본질에 관한 현대

---

5 Platon, *Kratylos*, 389A(näheres in meiner Darstellung der Gesch. der griechischen Philosophie in Dessoirs *Lehrb. der Philosophie I*, 92f.).

적 사유는 더 이상 기술을 단순히 "응용 자연과학"으로 고찰하여 그에 맞춰 이를 자연과학적 사유 개념과 범주 속에 어떻게든 집어넣는 것에 만족하지 못한다는 것이 드러난다. 찾는 것은 정신적 생의 전체, 그것의 총체성과 보편성에 대해 기술이 맺는 관계다. 하지만 이 관계를 발견하고 확증하기 위해서는 자연과학의 **존재 개념** 대신 **형식 개념**을 중심에 두고 **이 개념의 기초와 원천 위에서 이 개념의 내**용과 의미를 돌이켜 사유해야만 한다. 왜냐하면 형식 개념 속에서야 비로소 정신의 넓이가 열리고, 그것의 범위와 지평이 규정되기 때문이다.[7] 기술적 작품의 현존재 대신 기술적 작용이라는 형식으로부터 출발한다면, 우리는 단순한 생산물 대신 생산 방식과 그 종류를, 그리고 이 방식 속에서 드러나는 법칙성을 돌이켜 볼 수 있을 것이고, 그러면 기술에 귀속되던 재료 세계에 묶여 있음, 제한성, 파편성이 사라질 것이다. 직접적으로 기술의 **결과물**과 관련되지는 않겠지만, 기술의 과제 및 **문제**와 관련해 참된 포괄적인 문제영역을 제기하고, 그 문제영역 내에서야 비로소 기술의 특수한 의미와 고유한 정신적 경향을 규정할 수 있을 것이다.

이 문제영역 속으로 들어가 그 중심을 참되게 파악하기 위해서는 원칙적이고 순수 **방법적인** 사유가 우선 필요하다. 우리에게 여기서 다가오는 **의미 물음(Sinnfrage)**에 다른 동기들을 추가하거나 점점 더 부지불식간에 섞는다면, 이 물음의 고유성은 다시 희미해지

---

6 Dessauer, *Philosophie der Technik*, 150쪽: Max Eyth, *Lebendige Krafte. Sieben Vortrage aus dem Gebiete der Technik*, 4. Aufl., Berlin, 1924, p. 1 이하.
7 나는 이 논문에서 이 명제를 단순히 하나의 주장으로만 내세울 수 있다. 이 주장의 발전과 체계적 정당화에 대해서는 내 『상징적 형식의 철학』(3권, 베를린, 1923~1929)을 참조하라.

고, 그 경계는 사라질 위기에 처하게 된다. 이런 섞음은 의미 물음을 가치 물음(Wertfrage)과 동일시하고, 의미 물음을 가치 물음으로부터 해결할 수 있다고 믿을 때 이뤄진다. "의미"와 "가치"를 동일시하게 되면 문제가 뒤바뀐다. 이 논리적 결점은 지금의 문제뿐만 아니라 "문화철학" 전체, 그 과제 전체에 두루 퍼져 있는데도 불구하고 알려지지 않았다. 사유의 역사에서 문화의 "가능성"에 관한, 그 조건들과 원칙들에 관한 "선험적" 물음이 자주 제기되었지만, 이 물음을 날카롭게 그 순수 문제 자체에만 초점을 맞춰 제기하고 답변을 제시한 적은 거의 없었다. 물음은 계속 반복적으로 다음 두 가지 다른 방향 앞에서 헤매고, 결국 문화적 성취에 관한 물음을 문화적 내용에 관한 물음으로 둔갑시킨다. 이 성취의 척도는 다양한 정신적 차원으로부터 가져올 수 있을 것이고, 여기서 척도를 좀 더 높게 혹은 좀 더 낮게 잡을 수 있지만, 이것과 상관없이 이미 첫 번째 문제설정 자체에서 이루어진 실수는 제거할 수가 없다. 이는 이미 현대 문화의 첫 번째 "비판자"인 루소에서 두드러진다. 루소가 자기 시대의 지성적이고 정신적인 문화 전체를 고유한 양심과 운명의 물음 앞에 세웠지만, 이 물음의 방식은 외적인 요인, 즉 1750년 디종 아카데미의 논문 공모가 미리 제시한 것에 불과했다. 물음은 예술과 학문의 재탄생이 인간성의 윤리적 완성에 기여했는지, 했다면 얼마나 했는지다("si le rétablissement des Sciences et des Arts a contribué à épurer les mœurs"). 계몽시대 윤리학의 기본 방향에 맞게 루소는 이 [윤리적 완성에 관한] 물음에 곧 다른 물음, 즉 쾌락 증진에 관한 물음, 즉 인간성이 "자연" 상태에서 문화 상태로의 이행을 통해 얻은 "행복"의 척도에 관한 물음을 덧붙인다. "행복"과 "완성"은 두 차원으로서 이 안에서 루소는 자신의 문제에 대한 답을 찾고 있다. 이 두 차원은 그에게 문제를 평가할 척도를 제공한다. 여기서 독일 관념론 철학이 결정적인 전환을 가져왔다. 이 철학은 "본질 물음"을 예리하고 순수하게 제기했고, 이를 도덕적 "완성"에 관한 물음이나 행복 물음과 같은 부속물에서 떼어 냈다. 그래서 『판단력비판』에서 미의 왕국은 쾌와 불쾌의 감정으로부터, 그리고 윤리적 당위의 규범과 규칙으로부터 미의 자율성, 자신의 법칙성, 자신의 의미성을 발견하고 확보하는 방식으로 철학적으로 정당화되고 있다. 이런 관점에서 기술 영역, 그리고 그것의 특수한 의미와 내용 파악을 둘러싸고 점점 더 격렬해지는 싸움을 바라본다면, 이 싸움은 대개 정신적 문화의 **다른** 영역에서는 이미 오래전 초기 단계에서 벌어진 것임을 알게 된다. 우리는 기술을 찬양하거나 저주할 수 있고, 이를 시대의 최상의 성취물 중 하나로 찬양하거나 시대의 결핍과 타락으로 비판할 수 있다. 이 판단들은 기술 자체에서 나오지 않은 척도를 기술에 덮어씌운다. 항상 기술에 ― 의식적이건 무의식적이건 ― 어떤 목적이 추가된다. 하지만 순수 형태화 의지와 형태화 힘을 가진 기술은 이러한 목적을 알지 못한다. 기술에 관한 고유 판단은 기술 자체로부터, 즉 기술에 있는 내재적인 법칙에 대한 통찰로부터 얻을 수 있다. 기술 **철학**은 적어도 이러한 연구를 추구한다. 이 철학은 또한 정신적 문화 내용들을 단순히 고찰하고 검증할 뿐 아니라 이를 판단한다. 기술철학은 단순히 인식하려 할 뿐 아니라 인정하고 비난하고 평가하고 가치 부여하고 결정하고 판단해야만 한다. 하지만 지성적 양심은 기술철학이 자신이 판단하는 것의 본질 속으로 들어가 본질을 기술의 고유 원칙으로부터 파악하기 전에 가치 판정하는 것을 금지한다. 이러한 철학적 시선의 자유는 기술에 대한 현대적인 변호나 기술에 대한 공격과 비난 속에서는 결코 발견될 수 없다. 기술 변호자나 비난자에게는 스피노자가 정치철학을 위해 표현한 준칙을 항상 제시하고 싶다. "웃지 말고 울지 말고 저주하지 말고 이해하라"(Non ridere, non lugere, neque detestari, sed intelligere).[8] 기술의 "존재"와 "그러함"(Sosein)의 규정, 즉 기술이 무엇인지의 직관이 그 가치에 대한 판단보다 선행해야 한다. 여기서 새로운 딜레마가 생기는 것 같다. 왜냐하면 기술의 "존재"는 활동성 속에서만 파악하고 표현할 수 있기 때문이다. 기술의 존재는 오로지 그 기능 속에서만 드러난다. 즉 기술 존재는 단순히 바깥으로 현상한다는 것, 기술이 바깥으로 드러난다는 것이 아니라 이 외화의 방식과 방향 속에 존립한다. 즉 그것은 이 외화가 보여 주는 형태화 경향과 형태화 과정 속에 존립한다. 그래서 기술 존재는 생성 속에 있으며, 기술 작품은 에너지 속에서만 가시화된다. 하지만 이 어려움은 앞으로의 고찰에 길을 지시하고 마련해 준다. 왜냐하면 이런 점에서 내용적인 측면과 상관없이 순수 형식적이고 원칙적인 관점에서 정신의 다른 기초 위력과 [정신의 기초 위력 중 하나인] 기술 간의 근친성과 내적 관계가 분명해지기 때문이다. 이 모든 위력들에 대해서는 원칙적으로 훔볼트가 언어에 관해 다음과 같이 이야기한 것이 적용된다. 참된 개념 규정, 이들 위력에 대한 유일하게 참된 "정의"는 생성적 정의일 수밖에 없다. 이들은 "죽은 산물"이 아니라 **생산함**이라는 방식과 그러한 기초방향

---

8 기술의 의미와 가치에 대한 다양한 판단들에 대해서는 치머(Eberhard Zschimmer)의 『기술철학』(*Philosophie der Technik*) 참조. 예를 들어 p. 45 이하, p. 136 이하.

으로만 이해해야 한다.[9] 여기서 이러한 사유 방향으로 기술의 본질에 관해 물음을 던져야만 한다. 괴테는 인간이 의미를 지니는 존재로 등장하는 곳에서는 언제나 동시에 입법적이라고 말한다.[10] 철학의 본질적 과제는 이 인간의 입법에 파고들어 입법의 통일성과 내적인 차이, 그것의 보편성과 특수화를 견주고 파악하는 것이다. 이러한 포괄적인 노력으로부터 개별자 판정을 위한 안전한 지점이 확보되며, 찬양과 비난, 마음에 듦과 들지 않음의 단순히 주관적인 표현을 넘어 고찰하는 대상의 고유한 객관적 "형식"을 그 본질과 필연성 속에서 파악하는 규범을 규정할 수 있기를 희망할 수 있다.

---

9 [옮긴이] W. von Humboldt, "Über die Verschiedenheit des menschlichen Sprachbaues und ihren Einfluß auf die geistige Entwicklung des Menschengeschlechts", Akad. Ausg. VII, p. 46. Zu "Erzeugtes" und "Erzeugung" VII, p. 44.

10 [옮긴이] Goethe, "Aufsätze zur allgemeinen Pflanzenkunde(Erwiderung)", Artemis-Ausgabe Bd. XVII, p. 181 참조.

II

기술의 **정신적** 고유권리에 대한 가장 열광적이고 적극적인 옹호자인 막스 아이트는 「시와 기술」이라는 강연에서 기술의 기능과 언어의 기능 사이에 놓여 있고 인식할 수 있는 근친성부터 이야기를 시작한다. "본질이 외적으로 현상하는 한 그 본질에서 인간과 동물을 구별하는 것은 두 가지인데, 바로 말(das Wort)과 도구다. 말과 도구를 창조할 능력은 … 동물로부터 인간을 창조했다. 이 능력이 어떻게 세계 속에 들어왔는지는 진화론이 풀 수 없는 영원한 수수께끼인데, 왜냐하면 이는 정신적 원천에서 왔고, 하나의 샘에서 흘러나왔는데, 다른 어떠한 동물도 오늘날까지 이 샘의 물을 마시지 못했기 때문이다. 두 능력은 적대적인 세계에 대해 유로서의 인간의 지속을 위해 필수적이었다. 이 세계 속에서 인간은 다른 동물에 비해 육체적으로 약하고 저항 능력도 없으며, 그래서 짧은 기간에 멸종할 수도 있었다. 그를 구원한 것은 지식의 영역에서는 언어이며, 능력의 영역에서는 도구다. 벌거벗고 무기력한 인간을 지구상 모든 생명체를 지배하는 자로 만든 위력은 지식과 능력, 말과 도구에 기초를 두고 있다. … 원시시대부터 문화의 시작 단계에까지 도구는 인간 현존재의 형태화에서 첫 번째 역할을 담당한 것이 확실하다. … 나중에 말과 도구의 관계가 변화하기 시작했다. 말할 수 있었기에 언어는 중요한 또는 과도한 의미를 얻을 수 있었다고 할 수 있다. 침묵하는 도구는 인간성의 감각에서 점점 더 뒤로 밀려났다. 지식이 지배했고, 능력은 이에 봉사했다. 이 관계는 점점 더 강화되어 오늘날까지 보편적으로 인정되고 있다. 오늘날 우리는 둘의 관계를 뒤집지는 않더라도 올바른 기초 위로 다시 가져가려 노력하는 격렬한 투쟁의 한가운데에 있다. 언어는 자신의 강화되는 승리의 나날 속에서 정신의 유일한 도구라는 과도한 요구를 제기했다. 일반적으로 언어는 오늘날 아직도 이렇다고 믿고 있다. 언어는 자신이 정신의 도구란 점에 정신이 팔려 도구의 정신을 망각하고 있다. 하지만 둘, 말과 도구는 동물(호모, 'homo')을 인간(호모 사피엔스, 'homo sapiens')으로 만든 동일한 정신적 근원 힘의 산출물이다. '호모 사피엔스'는 학자들이 인간을 부르는 이름이다. 이들은 이 표현을 통해 다시금 인간의 지식만을 암시하며, 이 모든 지식을 가능케 한 능력을 망각하고 있다."[1]

기술자이자 사상가인 아이트가 기술에 관해 쓴 이 문장들을 인용했는데, 왜냐하면 여기서 언어와 도구의 평행론 속에 진짜 **철학**

---

1 Max Eyth, "Poesie und Technik"(*Lebendige Kräfte*, p. 12 이하); "Zur Philosophie des Erfindens" (*Ibid.*, p. 230 이하)의 설명 참조.

적 문제가 숨겨져 있기 때문이다. 언어와 도구를 함께 묶고 둘을 하나의 정신적 원칙으로부터 이해하려고 노력하는 것은 단순히 기지의 장난 때문도, 외적인 유비 때문도 아니다. 우리 유럽적 사유 영역의 첫 번째 "언어철학자들"에게 이러한 본질 근친성에 대한 생각은 낯설지 않았다. 이들은 말과 언어를 무엇보다 단순히 표현 수단, 외부 현실을 **기술하는** 수단으로 파악하는 게 아니라 현실 **장악** 수단으로 보았다. 언어는 이들에게는 무기이자 도구가 되었고, 인간은 자연과의 투쟁 속에서, 자기와 동일한 인간과의 투쟁 속에서, 사회적이고 정치적인 투쟁 속에서 자신을 주장하기 위해 이를 사용한다.[2] 여기서 "로고스" 자체는 인간의 고유한 정신성의 표현으로서 단순히 "이론적" 의미가 아니라 "도구적" 의미로 드러난다. 바로 이 지점에 반대 주장이 담겨 있는데, 이는 바로 인간 의지 실현을 위해 단순히 재료적인 도구, 즉 물질적 사물을 사용하게 되면 로고스의 힘이 줄어든다는 것이다. 그래서 인간의 본질 규정, 그 정의는 두 가지 방향으로 발전한다. 인간은 "이성적" 존재다. 즉 "이성"은 언어에서 나왔고, 언어와 분리 불가능하게 묶여 있고, 이성(ratio)과 말(oratio), 말함과 사유는 상호 개념이 된다. 하지만 동시에, 그리고 좀 더 원천적으로 인간은 기술적이고 도구를 제작하는 존재다. 벤저민 프랭클린(Benjamin Franklin)은 인간을 "도구를 만드는 동물"(a tool-making animal)이라 불렀다. 인간 본질의 두 측면 속에 힘이 담겨 있다. 이 힘으로 인간은 외부 현실에 대항하며, 이 힘을 통해 현실의

---

2 소피스트의 언어이론에서 "로고스의 투쟁적 성격"에 관해서는 다음을 참조. Ernst Hoff-mann, *Die Sprache und die archaische Logik*, Tübingen, 1925, p. 28 이하.

정신적 "그림"을 얻는다. 모든 정신적인 현실 장악(Bewältigung)은 "잡기"(Fassen)의 이중적 행위와 연관된다. 우선 언어적-이론적 사유함 속에서 현실을 "개념파악하는 것"(Begreifen)과 **작용함**의 매체를 통해 현실을 "움켜쥐는 것"(Erfassen)이다. 즉 사유적인 형식부여(Formgebung)와 기술적인 형식부여다.

두 경우에서 형식부여의 고유한 의미를 파헤치기 위해서는 오해를 제거해야 한다. 인간이 사유, 행위, 언어발화, [기술적] 작용을 하는 가운데 세계의 "형식"은 인간에 의해 단순히 수용되는 것이 아니라 인간이 그것을 "형성"해야만 한다. 사유와 행위 둘 모두가 '형성하는 형태화'라는 공통 뿌리에서 나오고, 이 뿌리로부터 조금씩 전개되고 가지를 친다는 점에서 원천적으로 하나다. 빌헬름 폰 훔볼트는 이 기초관계를 언어를 통해 증명했다.[3] 그는 언어발화 행위가 결코 사물, 존재하는 대상 형식을 수용하는 것이 아니라 오히려 세계를 창조하는 행위이자 세계를 형식으로 고양시키는 것임을 보여 줬다. 훔볼트는 언어 연구에서 다양한 언어들이 단순히 자신들과 독립적으로 존재하는 대상이나 개념과 동일한 것을 지시하는 것에 불과하다는 생각이 위험하다는 것을 보여 줬다. 이러한 생각은 언어의 고유한 의미와 가치를 형성하는 것을 은폐한다. 이는 언어가 직관적 세계상을 드러내고, 획득하고, 확보하는 데에 창조적으로 기여하는 부분을 못 보게 한다. 언어의 다양성은 소리와 기호의 다양성이 아니라 "세계상 자체의 다양성"이다. 올바르게 이해했다면, 언

---

3 Wilhelm von Humboldt, *Werke*(Akademie-Ausgabe), Bd. VII, Teil I, p. 119 등. 자세한 것은 나의 *Philosophie der symbolischen Formen*, Bd. I, *Die Sprache*, Berlin, 1923.

어 사용의 이러한 측면은 기초적인 "원시적" 도구 사용에도 해당한다. 결정적인 것은 여기서 도구 사용을 통해 얻는 물질적인 사물들이 결코 아니다. [도구의 작용] 위력 영역의 양적인 확대를 통해 점차 외부 현실의 한 부분이 다른 부분에 이어 인간 의지에 종속된다. 이 확대를 통해 처음에는 인간 신체의 좁은 영역에, 고유 지체의 운동에만 제한된 것처럼 보였던 의지가 점차 모든 공간적이고 시간적인 한계를 뚫고 넘어선다. 그럼에도 이 극복을 통해 정신에 항상 새로운 세계재료만 개발되어 제공된다고 한다면, 이는 아무런 결실도 없는 것에 불과하다. 고유한, 심오한 결실은 "형식"의 획득에 있다. 사실상 작용(Wirken)의 확대는 동시에 자신의 질적인 의미를 변화시키고 그래서 새로운 세계-관점의 가능성을 창조한다. 작용이 내적인 변형(Umbildung), 이념적인 의미-전환을 준비하고 계속 이를 실현하지 못한다면, 그것이 아무리 계속 증가하고 확대되고 강화된다 해도 이는 결국 무기력하고 내적으로는 목적 없고 힘없는 것에 불과할 것이다. 이러한 의미 전환을 증명하는 것이야말로 기술을 위한, 기술 이해를 위한, 그리고 기술의 정신적 정당화를 위한 철학이 성취해야 할 과제다. 하지만 철학은 이를 위해 좀 더 돌아가야만 한다. 철학은 첫 번째 시작으로 거슬러 올라가야만 한다. 이 시작에 "형식"의 비밀이 인간에게 최초로 열리며, 시작 시점의 사유와 실행 속에서 인간에게 이 비밀이 드러나기 시작한다. 물론 비밀은 처음에는 인간에게 자신을 계시하기보다는 은폐할 것이며, 수수께끼 같은 여명, 마법적-신화적 세계상의 황혼처럼 인간에게 드러날 것이다.

문화민족의 세계상을 자연민족의 세계상과 비교한다면, 둘 사이에 있는 심층적 대립은 인간 의지가 자연의 주인이 되어 자연을 점진적으로 장악하는 방향에서만 매우 선명하고 명확하게 드러난다. **기술적** 의욕 및 실행 유형은 **마법적** 의욕 및 실행 유형과 대립된다. 이러한 근원-대립으로부터 문화민족의 세계와 자연민족의 세계 사이에 있는 차이 전체를 도출하려는 시도가 있었다. 과거의 인간과 최근 단계의 인간은 마법이 기술과 구별되는 것처럼 다르다. 과거의 인간은 호모 디비난스(예지적 인간, homo divinans)이며, 현재의 인간은 호모 파베르(기술적 인간, homo faber)이다. 인간의 전체 발전과정은 수많은 중간 형식 속에서 실행되는 과정이며, 이 과정을 통해 인간은 호모 디비난스라는 초기 단계로부터 호모 파베르라는 단계로 넘어간다. 단첼이 자신의 저서 『원시인의 문화와 종교』에서 보여 주고 설명한 바 있는 이 구별을 받아들인다면,[4] 우리는 문제의 해결이 아니라 문제의 제기, 문제의 정식화에 이르게 된다. 왜냐하면 이 구별을 주장하는 인류학이 구별을 다음처럼 설명하는데 이는 단순히 그럴듯한 설명이나 해명에 지나지 않기 때문이다. 이 인류학의 구별에 따르면 "마법적" 인간의 행위는 본질적으로 순수 "객관적"이 아니라 "주관적인" 규정과 증명 근거에 따른다. "호모 디비난스"의 세계상은 자신의 고유 상태를 현실에 투사하고, 자신 내부의 과정을 외부 세계 속에서 보는 것을 통해 형성된다. 순수 영혼 속에서 진행되는 내부 과정이 바깥으로 옮겨진다. 충동과 의지 자극이 직접적으로 사건 속에 개입하여 이를 조종하고 변형할 수 있는

4　Theodor-Wilhelm Danzel, *Kultur und Religion des primitiven Menschen. Einführung in Hauptprobleme der allgemeinen Völkerkunde und Völkerpsychologie*, Stuttgart, 1924, p. 2 이하, p. 45 이하, p. 54 이하.

힘으로 해석된다. 하지만 이 설명은 순전히 논리적으로 고찰해 본다면 선결문제 요구의 오류(petitio principii)다. 즉 이는 설명해야 할 것을 미리 설명의 근거로 취하고 있다. 원시인이 객관적인 것과 주관적인 것을 "혼동하며" 두 영역의 경계를 없앤다고 설명하고 있는데, 이는 경험 및 경험 대상의 가능 조건인 "근거"율, 인과성의 범주에 기초를 두는 우리의 이론적 세계고찰의 관점에서 이야기하고 있는 셈이다. 왜냐하면 이 경계는 "그 자체로" 존재하는 것이 아니라 정신의 노동을 통해 세워지고 확보되고 **실행되어야** 하기 때문이다. 이러한 경계는 정신의 전체 태도에 따라, 정신이 움직이는 방향에 따라 다양하게 그어질 수 있다. 어떤 태도와 방향에서 다른 태도와 방향으로의 이행은 새로운 "방향 지향", "나"와 "현실"의 새로운 관계를 항상 포함한다. 그래서 둘의 관계는 처음부터 완결되고 일의적인 것으로 형성된 것이 아니라 "대결"이라는 다양한 이념적 과정의 기초 위에서야 비로소 생성된다. 이는 이 구별이 신화, 종교, 언어, 예술, 학문, 그리고 "이론적" 태도 일반의 다양한 기초형식들 속에서 형성되는 것과 같다. 인간에게 처음부터 태도를 규정하는 '주체와 객체'라는 고정적인 표상이 존재한 건 아니다. 오히려 이 태도의 실행 속, 인간의 신체적이고 영혼–정신적인 활동 전체 속에서 비로소 주체와 객체에 관한 지식이 생겨나고, 그래야 나의 지평과 현실 지평이 갈라지게 된다.[5] 둘 사이에는 처음부터 고정적인 관계가 있던 것이 아니라 이리저리로 움직이는 운동이 있었고, 이 운동으로부터 점차

---

5 상세한 근거에 대해서는 다음 책의 서론을 참조. *Philosophie der symbolischen Formen*, Bd. I, p. 6 이하.

형식이 형성된다. 이 형식 속에서 인간은 자신의 존재와 대상의 존재를 파악하게 된다.

　이 보편적 통찰을 여기에 놓여 있는 문제에 적용시키면, 우리는 마법적 태도의 인간이 기술적 태도의 인간처럼 이미 세계의 특수한 형식을 **가지고** 있는 것이 아니라 이 형식을 비로소 **찾아야** 하고, 이를 다양한 방식으로 **발견**해야만 한다는 것을 알게 된다. 어떤 방식으로 인간이 형식을 찾는지는 정신의 전체 운동이 따르고 있는 역동적 원칙에 달려 있다. 자연에 대한 마법적 파악 속에 이미 "인과성"의 원칙, 존재의 "근거"나 사건의 "원인"에 관한 물음이 지배적이라고 가정한다면, 마법과 학문 사이의 경계는 사라지게 된다. 이 마법적 현상을 제일 잘 아는 식자 중 한 명은 자신의 서술에서 이 현상에 대해 이러한 결론을 명확히 내려 버렸다. 프레이저(James George Frazer)는 자신의 저서 『마법적 기술』(*The Magic Art*)에서 마법적 기술의 사실 영역 전체를 밝히려고 노력하면서 기술한 사실 영역을 마법의 의미와 원천에 관한 특정한 이론과 결합한다. 마법적 기술은 다름 아니라 여기서 인간에게 "실험물리학"의 첫 번째 시초가 된다. 마법 속에서 인간은 객관적 존재와 사건에 대한 첫 번째 직관을 얻는다. 이 존재와 사건은 고정적 규칙에 따라 질서를 이루고 있다. 사물의 운행은 인간에게 이제 완결된 연결체, 즉 "원인들"과 "결과들"의 연쇄이며, 여기서 피안의 초자연적인 위력이 자의로 개입할 수 없다. 프레이저에 따르면 여기서 마법의 세계는 종교적 세계와 명확히 분리된다. 종교적 직관 속에서 인간은 낯선 폭력에 복종한다. 이 폭력에 인간은 존재 전체를 맡긴다. 여기서 고정적인 자연 운행이란 존재하지 않는다. 왜냐하면 세계는 아직 자신만의 형태, 자신만의 위력을 가지지 않고, 더 세고 초월적인 위력의 손아귀에 든 공에 지나지 않기 때문이다. 하지만 이 기초적 관점을 마법적 세계 관점은 거부한다. 마법적 세계 관점은 자연을 엄격히 결정된 사건으로 파악하고 이 결정의 본질 속으로 파고들려고 한다. 이 관점은 근본적으로 어떠한 우연도 알지 못하며 사건의 엄격한 **동형성**을 직관하려고 스스로를 고양시킨다. 그래서 종교와 반대로 학문적인 세계 인식의 단계에 도달한다. 물론 마법은 그 결과로 보면 학문과 구별되지만, 그 원칙과 문제에서는 그렇지 않다. 왜냐하면 "동일한 원인에는 동일한 결과"라는 원칙이 마법을 지배하며, 이러한 마법의 특징은 항상적이기 때문이다. 마법이 이 원칙을 이론적 자연과학처럼 [그 법칙을 광범위하게] **적용**할 수 없는 것은 프레이저에 따르면 논리적 근거가 아니라 사실적 근거 때문이다. 마법은 그 사유**형식**의 측면이 아니라 그 내용적 앎의 척도와 확실성의 측면에서 "원시적"이다. 실제로 지탱할 만한 경험적 법칙 설립에 이르기에는 마법이 보여 주는 관찰 범위가 너무 좁고, 관찰 방식은 너무 일관적이지 않고 불확실하다. 하지만 법칙성 자체에 대한 의식은 마법 속에 살아 있으며, 마법에 의해 깨질 수 없을 정도로 단단히 확정되어 있다. 그래서 프레이저는 마법의 두 가지 기초형식을 인과성이라는 "학문적" 원칙의 적용과 변형으로 보고 있다. 여기서 그는 이 원칙을 영국 경험주의의 직관에 맞게 파악하고 설명하고 있다. "공감"(sympathetische) 마법과 "동종(homöopathische) 또는 모방" 마법은 둘 다 모든 인과적 사유를 지배하는 관념연합이라는 기초법칙에 기초해 있다.[6] 전자의 경우에는 "유사성 연합"의 법칙이, 후자의 경우에는 "접촉 연합"의 법칙이 작용하며, 그래서 이론적 태도와 실천

적 태도의 기준이 된다.[7]

　수많은 인류학 연구자가 찬성한 프레이저 이론에 결점이 있는데, 한마디로 표현하면 이는 이 이론이 **마법적** 태도의 의미를 밝히면서 **기술적**(technischen) 태도에 해당하는 성취를 요구하고 있다는 점이다. 인간은 마법을 통해 자연에 대한 단순한 수동적인 관계에서 빠져나오며, 세계를 더 이상 더 센 위력의 신이 준 단순한 선물로 받아들이는 것이 아니라 자연을 소유하고 자연에 일정한 형식을 부여한다. 이런 두 가지 점에서 마법은 종교와 구별된다. 하지만 이러한 소유 **방식**은 기술적 작용과 자연과학적 사유에서 실행되는 방식과는 전적으로 다르다. 마법적 인간, "호모 디비난스"는 일정한 의미에서 나의 전권을 믿는다. 하지만 이 전권은 기적의 **힘**으로 드러난다. 가장 강화된 기적에서 현실은 빠져나갈 수가 없다. 현실은 기적에 순종하며 복종한다. 특정한 행위를 하기 전에 우선 이 행위의 목적 표상을 정확하게 선취하고, 이 목적의 그림을 가장 내밀하게 그리고 확정해야만 이 행위는 결실을 본다. 모든 "실재적인" 행위들

6　[옮긴이] 프레이저는 공감마법(sympathetic magic)을 다시 동종마법(homoeopathic magic) 또는 모방마법(imitative magic)과 감염마법(Contagious Magic)으로 나누며 전자는 유사법칙, 후자는 접촉법칙에 따라 이루어진다고 설명한다. 본문에서 카시러는 용어를 인용할 때 약간의 착오를 범하고 있다. 프레이저에 따르면 모든 마법이 공감적인 이유는 마법가가 멀리 떨어진 사물과 동일한 마음 상태, 즉 공감하기 때문이며, 이를 프레이저는 영기(ether)를 통해 상호작용하는 것이라고 설명한다(프레이저,『황금가지』, 이용대 옮김, 한겨레신문사, 2001, 85쪽). 모방마법 또는 동종마법에 따르면 어떤 것을 모방한 후 모방품에 작용을 가하면 이것이 모방한 대상에도 동일하게 작용이 미친다. 접촉법칙에 따르면 어떤 사람과 접촉한 물체에 어떤 작용을 가하면, 접촉한 사람에게도 동일한 효과가 일어난다.

7　J. G. Frazer, *The Golden Bough, Part I: The Magic Art and the Evolution of Kings*, London, 1911, Vol. I, 3장과 4장 참조.

이 성공하려면 그러한 마법적 준비와 선취를 필요로 한다. 전쟁, 약탈, 어획, 사냥이 성공하려면 이들 행위의 각 개별 단계가 올바른 방식으로 마법적으로 선취되고 "예비 연습되어" 있어야 한다.[8] 이미 마법적 세계 관점에서 인간은 사물의 직접적 현재와 결별하고 고유의 왕국을 세워 이를 통해 미래로 나아간다. 하지만 직접적 감각의 위력으로부터 일정한 의미에서 자유롭게 됐을 때 인간은 그 자리에 욕망의 직접성을 집어넣었다. 이를 통해 인간은 현실을 직접 장악하고 극복할 수 있으리라 믿었다. 마법적 실천 전체는 일정 정도 정신이 도달하고픈 목적을 위한 소원의 점진적 전개, 펼침에 불과하다. 이 목적을 단순히 점점 더 많이 반복하는 것이 목적을 향한 확실한 길로 여겨졌다. 이런 방식으로 마법의 두 가지 원천형식, 즉 언어 마법과 그림 마법이 생겨났다. 왜냐하면 말과 그림은 인간이 비현재적인 것을 현재적인 것처럼 다루는 두 가지 방식이기 때문이다. 이 방법을 통해 인간은 소원하고 기원한 것을 앞에 둔 채 이 "표상함"의 행위 속에서 이를 향유하고 자기화할 수 있게 된다. 공간적으로 멀리 놓여 있고 시간적으로 떨어져 있는 것을 말을 통해 "머릿속에 불러오거나" "머릿속에 그림을 그리고"(eingebildet) "미리 그려본다"(vorgebildet). 그래서 여기서 이미 **인간의 왕국**(regnum hominis)이 추구된다. 하지만 이 왕국은 곧바로 인간에게서 벗어나 단순한 우상 속으로 사라진다. 마법은 틀림없이 세계 **파악**의 방식에 지나지 않은 것이 아니라 그 속에는 이미 세계 **형태화**의 진정한 씨앗이 놓

---

8 이러한 기초적인 직관에 대한 풍부한 인류학적 자료는 다음을 참조. Lucien Lévy-Bruhl, *Das Denken der Naturvölker*, deutsche Ausg., Wien, 1921.

여 있다. 하지만 마법을 작동시키는 매체는 이 씨앗이 성장하게 하지 않는다. 왜냐하면 경험 가능한 현실을 아직 이 현실의 질서와 규칙 속에서 보는 것이 아니라 단순한 소원의 환상으로 구석구석까지 덮어 현실의 고유한 형식이 은폐되기 때문이다. "주체성"의 이 성취는 물론 부정적으로만 평가되어선 안 된다. 왜냐하면 인간이 단순히 사물의 인상, 사물의 단순한 "소여"에 자신을 내맡기고 복종하는 것이 아니라 세계를 자기 자신으로부터 생성토록 했다는 점, 즉 인간이 단순한 현존재(Dasein)에만 만족하는 것이 아니라 이러저러한 존재(So-Sein)와 다른 존재(Anders-Sein)를 요구했다는 점에서 이는 첫 번째, 그리고 어떤 의미에서는 결정적인 진전이기 때문이다. 하지만 존재의 세계에 행위의 세계를 대립시키는 이 첫 번째 능동적 방향 전환은 이를 실행할 고유 수단을 결여하고 있다. 의지가 직접 자기 목표로 뛰어올라 나와 세계의 마법적 동일화가 이루어지지만, 결코 둘 간의 참된 "대결"은 이루어지지 않는다. 왜냐하면 대결이란 단순히 가까움뿐 아니라 거리 또한 요구하기 때문이다. 즉 장악뿐만 아니라 포기, 파악의 힘뿐 아니라 거리두기의 힘 또한 요구하기 때문이다.

이 이중적 과정은 기술적 태도 속에서 드러나며, 그래서 이는 마법적 태도와 종적으로 구별된다. 단순 소원이라는 위력의 자리에, 기술적 태도에서는 의지의 위력이 들어선다. 이 의지는 앞으로 나아가는 충동의 힘을 통해서뿐만 아니라 이 충동을 조종하고 다스리는 방식을 통해 드러난다. 의지는 목적 파악 능력뿐 아니라 목적을 멀리 밀어 두고, 이를 거리 속에 두다가 거리 속에 "있게 함"의 능력을 통해 드러난다. 이 목적의 "있게 함"은 "객관적인" 직관, 즉 "대상들"

의 세계로서 세계를 직관할 수 있게 한다. 대상은 의지에 규정과 확고함을 주는 원칙인 동시에, 한계이자 저항, 반발이다. 이 한계의 힘에서 비로소 의지의 힘이 자라고 강화된다. 의지의 **실행**은 결코 자기 강화만으로 성공할 수 없다. 의지가 실행되려면 스스로 자신에게 원천적으로 낯선 질서 속으로 파고 들어가 이 질서를 그 자체로 알고 인식할 것을 요구한다. 이 인식(Erkennen)은 동시에 항상 인정(An-Erkennen)의 방식이다. 마법에서처럼 이제는 자연에 자신의 소망과 망상을 덮어씌우는 것이 아니라 자연이라는 고유한 독립적 존재를 인정해야만 한다. 이 자기 거리두기 속에서야 생각은 참된 승리를 거둘 수 있다. "자연을 지배하는 것은 그것에 복종하는 방법밖에는 없다"(Natura non vincitur nisi parendo). 자연에 대한 승리는 자연에 순종하는 길로만 도달할 수 있다. 자연의 힘들이 지배하게 두고 이를 더 이상 마법적으로 장악하고 굴복시키려 시도하지 않는 이 순종을 통해 이제 순수 "이론적" 의미에서 세계의 새로운 형태가 들어서게 된다. 인간은 더 이상 현실을 마법, 마법화의 모든 수단으로 순종적으로 만들려 하지 않고 현실을 독립적이고 특색 있는 "조직체"로 간주한다. 현실은 인간이 어떻게든 변형할 수 있는, 마법의 말과 그림의 위력을 통해 임의적 형태로 강제할 수 있는, 형식 없는 재료이길 그친다. 마법적 강제의 자리에 자연의 "발견"이 들어선다. 이는 모든 기술적 태도, 즉 너무나 단순하고 원시적인 도구 사용에서도 일어난다. 이 발견은 덮개를 벗기는 것이다. 즉 이전에는 숨겨져 있던 본질적이고 필연적인 연관을 파악하고 자기화하는 것이다. 이를 통해 신화적이고 마법적인 세계 형태의 충만과 무제한적인 형태변형이 고정적 규범, 일정한 척도에 맞춰지며, 다른 한편으로 현실은 자신의 내적인 척도로 환원되어 단적으로 **정지된** 존재가 되는 것이 아니라 자신의 내적인 운동성을 보존하게 된다. 현실은 자신의 "형식 수용성"(Plastizität)을 잃어버리지 않는다. 이 형식 수용성, 즉 "형식화 가능성"(Formbarkeit)은 이제 단단한 생각의 틀 내에서 제어되고, "가능적인 것"의 특정한 규칙에 제한된다. 이 객관적 가능성이 이제 [마법적] 소원과 격정적 상상력의 전권에는 한계가 된다. 단순히 충동적인 욕망 대신에 이제는 참된 의식적인 **의지** 관계가 들어서며, 의지 관계는 지배와 순종, 요구와 복종, 승리와 굴복이다. 이 상호규정 속에 나의 새로운 의미와 세계의 새로운 의미가 형성된다(ergriffen). 나의 자의, 단순한 고집과 완고함은 뒤로 물러선다. 뒤로 물러서는 만큼 현존재와 사건의 고유 의미가 드러나고, 현실은 우주, 질서, 형식으로서 펼쳐진다.

　이를 확인하기 위해 기술의 전체 발전과 현재적인 형태화를 볼 필요는 없다. 현대기술의 경이로운 작품보다 단순하고 그럴듯하지 않은 현상, 즉 도구 사용의 첫 번째 단순한 시작 단계에 있는 기초관계가 더 도움이 된다. 순수 **철학적으로** 고찰해 볼 때 여기서 우리는 문제의 핵심과 중심으로 들어간다. 물론 인간이 사용한 거칠고 불완전한 도구와 기술적 창조가 달성한 최상의 산물 및 업적 사이의 간극은 내용적인 측면에서 봤을 때 엄청난 것처럼 보인다. 하지만 행위의 **원칙**을 눈여겨본다면, 이 간극은 거친 도구의 첫 번째 발명 및 그 사용, 그리고 동물적 태도 사이에 있는 틈보다 더 작다. 첫 번째 도구로의 이행 속에 단순히 새로운 세계**지배**의 핵심이 놓여 있을 뿐만 아니라 여기서 **인식**의 세계전환이 시작된다는 것은 확실하기 때문이다. 이제 획득된 매개적 행위 방식에 사유의 본질에 속하는 일종의 매개성이 기초를 두면서 확립된다. 모든 사유는 자신의 순수 논리적 형식에 따르면 매개적이며, 중간지의 발견과 획득에 의존해 있다. 이 중간지가 추론의 처음과 끝, 대전제와 결론을 연결한다. 논리 영역처럼 도구가 대상 영역에서 [중간지로서] 동일한 기능을 성취한다. 도구는 단순히 사유가 아니라 대상적 직관 속에서 파악된 "매개항"(terminus medius)이다. 도구는 의지의 첫 번째 결여 상태와 목적 사이에 걸쳐 있고, 이 중간 지점에서 둘을 서로 분리하고 적절한 거리에 둔다. 인간이 자기 목적을 달성하기 위해 단순히 자신의 지체, 신체 "기관"만 사용하는 한 이 거리는 결코 도달되지 않는다. 인간은 자신의 환경에 **작용한다**. 하지만 이 작용과 **작용에 관한 지식** 사이에는 엄청난 간극이 있다. [마법의 경우처럼] 인간의 모든 행위가 세계를 **붙잡는**(ergreifen) 것에 지나지 않는다면, 인간은 세계를 아직도 그 자체로 **개념파악할**(begreifen) 수 없다. 왜냐하면 인간은 세계를 아직도 객관적 형태의 대상 세계로 자기 앞에 둘 수 없기 때문이다. 충동적인 손아귀에 넣음, 신체를 통한 직접적인 잡기는 "파악"(Erfassen), 즉 순수 직관의 영역과 사유 영역의 구축에 이르지 못한다. 반면 도구와 그 사용을 통해 처음으로 달성하려는 목표를 거리에 두게 된다. 마법에 사로잡힌 채 이 목표를 바라보는 대신 인간은 목표로부터 "시선 돌리는 법"(abzusehen)을 배운다. 이 시선 돌리기는 목표 달성을 위한 수단이자 조건이 된다. 이러한 봄의 형식은 인간의 "의도적"(absichtlich) 행위를 동물적 본능과 구별한다. 이 "시선 돌리기"는 "미리 봄"의 기초를 놓는다. 즉 그것은 직접적으로 주어진 감각자극에 따라 행위하는 대신 공간적으로 부재하고 시간적으로 멀리 떨어진 것을 목표로 정할 가능성의 기초를 놓는다. 동물이 인간보다 신체적 숙련성에서 떨어지기 때문이 아니라 동물에게 이 고유한 **시선방향**이 없기에 동물 영역에는 고유한 도구 사용이 없다.[9] 이 시선방향을 통해 엄격하고 고유한 의미에서 **인과적 연결**이라는 생각도 탄생하게 된다. 인과성을 좀 느슨하게 이해하고 어디서나 적용 가능하다고 생각한 나머지, 이를 [프레이저처럼] 유사한 것 또는 시공간적으로 인접한 것을 서로 결합하는 "연합"과 같다고 여긴다면, 이 개념의 원천을 훨씬 이전으로 놓아야 했을 것이다. 이미 신화적 세계, 그리고 순수 마법적 작용이 그러한 "연합"으로 채워져 있고, 이를 통해 지배된다는 것은 의심의 여지가 없다. 그래서 프레이저가 인과성을 이렇게 이해하고 마법의 세계를 인과성의 원칙이 지배한다고 보면서 마법을 "실험물리학"의 고유한 시작이라고 한 것은 일관적이라고 할 수 있다.[10] 하지만 칸트가 흄의 인과론 비판을 통해 제시했던 좀 더 예리하고 엄밀한 의미의 인과 개념을 이해할 때, 세계 파악의 기초형식들 사이의 정신적 연관과 정신적 차이에 관한 다른 그림과 다른 판단이 발생하게 된다. 이 비판의 중점은 단순히 관습적인 연결이 아니라 "필연적 연결"의 생각이 "순수 지성"의 범주인 인과 개념의 핵심을 형성한다는 것을 증명하는 것이다. 이 개념의 권

---

9 자세한 내용에 대해서는 *Philosophie der symbolischen Formen*, Bd. III, p. 317 이하.

10 "공감마법이 순수한 형식으로 일어나는 곳에서는 어디서나 이 마법은 자연 속에서 어떠한 영적이거나 인격적인 행위자의 방해 없이 한 사건이 다른 사건에 필연적이고 불변적으로 이어진다고 가정한다. 이처럼 이것의 기초적인 개념은 현대과학의 개념과 동일하다. 마법사는 동일한 이유가 항상 동일한 결과를 낳는다는 것에 의심을 품지 않는다. 이처럼 마법적 세계 개념과 과학적 세계 개념 사이의 유사성은 긴밀하다. 둘 모두 사건의 연속은 완전히 규칙적이고 확실하여 불변의 법칙으로 결정되어 있으며, 법칙의 작동은 정확히 예견되고 계산될 수 있다고 주장한다. 변화, 우연, 사고의 요소들은 자연의 과정에서 추방된다."(Frazer, *The Magic Art*, I, p. 220 이하)

리는 결국 이 개념 없이는 우리의 표상과 **대상**의 관계가 가능하지 않다는 점에서 찾을 수 있고 이를 통해 증명할 수 있다. 인과 개념은 종합의 근원 형식에 속하며, 이 근원 형식을 통해 표상에 대상을 부여하는 것이 가능해진다. 인과 개념은 경험의 가능 조건으로서 경험 대상의 가능성의 조건이다. 객관에 부여되어 객관 영역을 비로소 구축하고 가능케 하는 인과성에 대해 신화적-마법적 세계는 아직 아무것도 모른다. 물론 마법적 세계에 따르면 자연 전체가 힘들의 유희, 작용과 반작용의 상호작용으로 이루어져 있다. 하지만 이 힘들은 본질적으로 인간이 자신의 직접적 충동 속에서 체험하고 경험한 것과 동일한 종류이다. 인격적이고 악마적-심적인 위력들이 존재하며, 이들이 사건을 조정하고 규정하며 스스로 사건에 영향을 미친다면, 인간은 이 위력들의 작용을 알아야 한다. 도구 그리고 그것의 규칙적인 사용이 원칙적으로 이러한 표상 방식의 한계를 부순다. 이 속에서 마법적-신화적 세계의 신들의 황혼이 공표된다. 왜냐하면 여기서야 비로소 인과성 생각이 "내면적인 경험"이라는 제한으로부터, 주관적 의지 느낌이라는 제약으로부터 바깥으로 나오기 때문이다. 인과성 생각은 순수 **대상적인** 규정들을 연결하고 이들 간에 확고한 의존규칙을 세우는 끈이 된다. 도구는 더 이상 신체와 그 지체처럼 직접적으로 인간에게 속하지 않는다. 도구는 인간의 직접적 현존과 분리된 것을 의미한다. 이는 스스로 존속하며, 개별 인간의 생보다 더 지속할 수 있다. 하지만 이렇게 규정된 "사물적인 것", "현실적인 것"은 이제 홀로 존재하는 것이 아니라 실제로는 그것이 다른 존재에 행사하는 **작용**으로만 존재하게 된다. 이 작용은 도구에 외적으로 부가되는 것이 아니라 도구의 본질 규정에 속한다. 특정 도구, 도끼, 망치 등의 직관은 결코 특수한 특징을 지닌 사물, 특수한 속성을 지닌 재료라는 직관이 아니다. 재료 속에 오히려 그것의 사용이, "질료" 속에 오히려 작용하는 형식, 고유한 기능이 직관되어야 한다. 둘은 분리되는 것이 아니라 해소할 수 없는 통일로 파악되고 개념파악되어야 한다. 대상은 어떤 것을 위한 것으로 규정되는 한에서만 항상 어떤 것으로서 규정된다. 그래서 도구의 세계 속에서는 단순한 사물 속성이 아니라, 수학적 표현을 사용한다면, "벡터 크기"만이 존재한다. 각 존재는 여기서 자체로 규정되어 있으면서 동시에 일정한 작용의 표현이며, 이 작용의 직관 속에서 일반적으로 인간에게 원칙적으로 새로운 시선방향, "객관적 인과성"의 파악이 열리게 된다.

여기서 요구하는 성취가 얼마나 위대한지는 서로 대립된 두 가지 세계 관점 사이의 틈을 하나의 명제로 연결할 수 없다는 점을 본다면 명확하게 드러난다. 두 극단 사이에는 거리가 존립하며 이는 점진적으로 측정될 수 있다. 인간 정신이 언어와 도구 속에서 해방을 위한 가장 중요한 수단을 얻은 이후 오랫동안 이 수단들은 여전히 마법적-신화적 안개 영역 속에 감춰진 것처럼 보인다. 수단들은 자신의 궁극적인, 최상의 발전을 통해 이 영역을 넘어서게 된다.[11]

---

11 순수 정신적 의미로 도구의 고유 의미는 그것이 "객관화" 과정의 기초수단이라는 점이다. 이 과정을 통해 "언어"의 세계와 "이성"의 세계가 나온다. 특히 루트비히 노이레(Ludwig Noiré)는 저서 『도구와 인간발전사에 대한 그 의미』(*Das Werkzeug und seine Bedeutung für die Entwicklungsgeschichte der Menschheit*, Mainz, 1880)에서 이 점을 강조하고 있다. 그는 다음처럼 강조한다. "도구의 중대한 중요성은 주로 두 가지다. 첫 번째는 인과관계의 해결 또는 분리로, 이를 통해 인과관계는 인간 의식 속에서 커다랗고 점진적인 명료성을 얻게 된다. 두 번째는 지금까지 본능적 기능의 불명확한 의식 속에서만 활동적이던 고유한 기관의 객관화 또는 투사다."(p. 34) 이 명제는 옳지만, 노이레가 제시한 정당화, 즉 언어사적인 사실과 언어 원천에 관한 특정 이론에 기초를 둔 정당화와 이를 연결시키지는 말아야 한다.

언어의 세계나 도구의 세계는 결코 직접적으로 인간 정신의 **창조물**이라 파악되지 않는다. 오히려 둘 다 낯설고 초월적 힘들로 작용한다. 신화적 관점에 고유한 악마적 성격은 이 두 세계로 뻗어 이들을 우선 완전히 자신의 저주 아래 이끈다. 말 전체와 도구 전체는 일종의 악마처럼 등장하게 된다. 언어는 원천적으로 결코 순수 사물 규정적인, 사물 지향적인 표현 수단도, 말의 논리적 의미로 서로 간의 이해가 이루어지는 단순한 전달 수단도 아니다. 언어의 "원천"으로 돌아가려고 하면 할수록 점점 더 언어의 기초요소의 "사물적 특성"이 사라지게 된다. 헤르더(Johann Gottfried Herder)는 인간의 가장 오래된 사전과 문법이 다름 아니라 "소리 나는 만신전", 즉 사물들과 사물 이름의 왕국이 아니라 살아 있고 행위하는 존재[신]의 왕국이었다고 말한다. 이는 첫 번째이자 원시적인 도구들에도 해당한다. 이들은 철저히 "위로부터 온 선물", 신이나 구원자의 선물로 간주되었다. 그래서 이들 자체가 신적으로 경배되었다. 남토고의 에베족은 대장장이 망치를 오늘날 아직도 힘 있는 신으로 여겨 이를 위해 기도를 올리고 희생을 바친다. 커다란 문화종교에 이르기까지 이러한 감각과 직관의 흔적을 추적할 수 있다.[12] 하지만 이 두려움은 사라지게 된다. 인간이 이 도구를 **사용할** 뿐 아니라 사용하면서도 지속적으로 이를 **변형하는**(umbildet) 정도에 따라 점점 더 이 도구를 먼저 감쌌던 신화적 어두움이 드러나게 된다. 인간은 점점 더 도구의 왕국에서 이제 자유로운 지배자라고 스스로 의식한다. 도구의 위력 속

---

12 자세한 건 나의 저서를 참조하라. *Sprache und Mythos*(Studien der Bibl. Warburg VI), Leipzig, 1925, p. 48 이하, p. 68 이하.

에서 인간은 동시에 이 위력의 관리인이자 촉진자라는 자기 자신에 대한 새로운 직관에 도달한다. 괴테는 다음처럼 말한다. "인간은 동시에 생산적이지 않은 채 아무것도 경험하거나 향유하지 않는다. 이는 인간 본성의 가장 내밀한 속성이다. 과장 없이 말한다면 이는 인간적 본성 자체다." 인간의 이러한 기초 힘은 도구의 영역에서 매우 명확하게 드러난다. 인간은 처음에는 매우 미미한 정도로만 도구에 작용을 가함으로써, 도구를 가지고 세계에 영향을 미친다. 도구는 대상 세계의 변형을 위한 수단일 뿐만 아니라 이러한 대상 변경 과정에서 스스로 변형되며, 이곳저곳을 이동한다. 이 변형에서 이제 인간은 점진적으로 증가하는 자기-의식의 고유한 강화를 체험한다. 새로운 세계-관점, 새로운 세계에 대한 느낌이 이제 신화적-종교적 세계관점과 맞서게 된다. 인간은 이제 자신의 운명과 자신에 대한 지식의 커다란 전환점에 서 있다. 이 전환점을 그리스 신화는 **프로메테우스**라는 인물 속에서 확증하고 있다. 악마나 신에 대한 두려움은 티탄족 신[프로메테우스]의 자부심(Stolz), 그의 자유의식에 대립하게 된다. 신적인 불은 불멸자의 자리에서 벗어나 인간 영역에, 그의 거주지, 화덕에 정착하게 된다. 마법이 인간을 만족시켰던 소원과 꿈의 나라는 부서졌다. 새로운 현실에 도달했음을 인간은 스스로 알게 된다. 이 현실은 충분한 진지함과 엄격함, 모든 소원을 파괴하는 필연성으로 인간을 맞이한다. 하지만 인간이 이 필연성에서 벗어나지 못하게 되면서, 즉 세계를 더 이상 자신의 소원에 따라 조종할 수 없게 되면서, 이제 인간은 점점 더 현실을 자신의 의지로 지배하는 법을 배우게 된다. 그는 더 이상 현실을 현실 궤도 바깥으로 조종하려 하지 않는다. 그는 자연의 강철 같은 법칙에 맞춘다. 하지만 이

법 자체는 인간을 감옥의 벽처럼 가두지 않는다. 오히려 인간은 법칙을 통해 새로운 자유를 얻고 이를 확증한다. 왜냐하면 현실 자체는 자신의 엄격하고 제거할 수 없는 합법칙성과 상관없이 전적으로 고정된 현존재가 아니라 변형할 수 있는, 형성할 수 있는 재료로 드러나기 때문이다. 현실의 형태는 완성되고 완결된 것이 아니라 인간의 의지와 행위에 무한한 정도의 유희 공간을 제공한다. 인간이 이 유희 공간에서 움직이면, 그의 노동을 통해 성취되는 것, 그리고 이 노동을 통해 비로소 가능하게 되는 것의 전체 속에서 인간은 **자신의** 세계를, "대상들"에 대한 자신의 지평을, 고유 본질에 대한 자신의 직관을 점점 더 구축하게 된다. **직접적인** 소원 성취의 마법 왕국, 마법이 유혹하며 인간 앞에 세웠던 이 마법 왕국으로부터 인간은 이제 확실히 자신이 내쫓긴 것을 보게 된다. 인간은 자체로 한계 없는 창조의 길 위에 있다. 이 길은 어떤 궁극적인 목적도, 궁극적인 정지점도 더 이상 약속하지 않는다. 하지만 그 대신 이제 그의 의식에 새로운 가치 규정과 의미 규정이 들어서게 된다. 행위의 고유한 "의미"는 더 이상 행위가 일으킨 것, 행위가 결국 도달한 것에 따라 측정되는 것이 아니라 행위의 순수 **형식**, 형태화하는 힘의 방식과 방향에 따라 규정된다.

III

이전 고찰에서 "객관적" 직관의 세계를 지배, 확보, 구축하는 데서 기술적 창조가 반드시 가담한 것이 분명해졌다면, 이제 우리는 이 성취의 가치를 단순히 문제로 전락시킬 뿐 아니라 이 가치를 그 반대로 역전시키는 것처럼 보이는 의심을 좀 더 분명히 제기할 수 있다. 여기서 기술의 고유한 **성취**라고 하는 것이 기술이 병들게 되는 근본악은 아닐까? 객관 세계의 **개방**(Erschließung)은 동시에 그리고 필연적으로 인간의 자기 본질, 그의 원천적 존재, 그의 원천적인 느낌으로부터 인간의 **소외**(Entfremdung)가 아닐까? 기술적 노동이 인간에게 개방하고 구축한 사물 세계로의 첫걸음은 인간을 단순한 사물의 법칙, 사물의 딱딱한 필연성에 영원히 종속시킨 것처럼 보인다. 이 필연성이 인간의 자기, 자신의 영혼 존재에 포함된 내적인 충만의 가장 강력한 적이 아닌가? 모든 기술은 정신의 창조물이다. 이 정신은 자기에게 있는 모든 힘을 극복하고, 이를 전제군주처럼 억

누름으로써만 자신의 지배권을 정초할 수 있다. 지배하기 위해 정신은 영혼의 자유로운 영역을 좁힐 뿐 아니라 이를 부인하고 파괴해야만 한다. 이러한 [영혼과 기술 간의] 갈등에는 어떠한 타협도 불가능하다. 이 정신의 목표와 위력은 기술로만 드러나며, 이 기술적 정신은 영혼과 화해가 불가능한 적이다. 정신이 인간을 자신의 고유한 생의 중심에서 점차 소외시키는 것과 같은 일이 인간과 전체 자연의 관계에서도 일어난다. 이는 전체 자연이 기술에 의해 이미 변형된(entstellten) 의미로 간주되어서도, 보편적 법칙 아래에 있는 단순한 기계론으로 사유되어서도 아니라 자연이 그것의 유기적인 특수성과 유기적인 생의 충만 속에서 느껴지는 경우에 일어난다. 현대 문화 영역에서 기술의 위력이 점점 더 자라날수록 철학은 더 열정적이고 냉엄하게 이러한 비탄과 비난을 기술에 제기했다. 이 기초직관의 가장 열정적이고 과격한 옹호자인 루트비히 클라게스(Ludwig Klages)는 다음처럼 말한다. "인간 외 모든 생명체가 우주적 생명의 **리듬** 속에서 약동할 때, 인간은 이 리듬에서 떨어져 나와 정신의 **법칙**을 가지게 된다. 미리 계산하는 사유가 세계보다 우위에 있는 상황이 자기의식의 담지자인 인간에게 들어선다면, 형이상학자에게는, 그가 달리 심층적으로 파고든다면, 개념의 멍에 아래 생을 굴복시키는 상황이 등장한다." "인간은 자신을 낳고 기른 행성 및 모든 별들의 운행 궤도와 틀어졌다. 왜냐하면 인간은 영혼을 파괴하는 뱀파이어의 위력에 사로잡혀 있기 때문이다."[1]

---

1 Klages, *Vom kosmogonischen Eros*, München, 1922, p. 45; *Mensch und Erde*, 5 Abhandlungen, München, 1920, p. 40 이하 참조.

여기서 단순히 현실들, 단순한 **결과들**(Wirkungen)만 고찰하면서 이 비난을 약화시키거나 극복할 수 있다고 믿는다면, 이는 이 비난의 올바른 의미를 그르치는 것이다. 여기서는 합리적-기술적 정신이 준 해로운 결과들에 기쁨을 주는 유익한 다른 **결과들**(Folgen)을 대립시키고 이 대립으로부터 견딜 만한 혹은 유익한 결론을 내리고 특정한 "쾌락의 총합"을 계산하는 것은 충분치 않다. 왜냐하면 물음은 결과들이 아니라 근거들, 사건들이 아니라 기능들로 향하기 때문이다. 이 **기능적** 고찰과 분석으로부터 특정 문화 내용과 문화 영역에 대한 모든 비판이 출발해야만 한다. 이 비판의 중심에는 항상 인간 자체, 인간의 의미와 "사명"에 관한 물음이 놓여 있어야 한다. 이런 의미에서 실러(Friedrich Schiller)는 미적-인본주의적 문화 시기의 정점에서 "미적인 것" 자체의 의미와 가치에 관한 물음을 제기했다. 그는 예술을 인간의 단순한 **소유물**도 아니며 인간의 단순한 성취와 **행위**를 표현하는 것도 아니라 '인간이-됨'을 향한 필수적인 길이자 이를 위한 고유한 **단계**로 이해해야 한다고 대답했다. 인간이 단순한 자연 존재, 물리적-유기적 존재로서 예술의 창조자가 되는 것이 아니라 오히려 예술이 인간성의 창조자이며 인간의 특수한 존재 "방식"을 비로소 가능케 하고 이를 구성한다. 실러가 미 영역의 기초라고 한 유희충동은 단순히 다른 자연충동들 옆에 나란히 있으면서 단순히 이들의 **범위**를 확장하는 것이 아니라 이들의 특수한 **내용**을 변화시키면서 "인간성"의 고유 영역을 개방하여 이를 비로소 장악한다. "['인간'이라는] 단어의 충분한 의미를 생각해 보면, 인간은 인간인 한에서만 유희하며, 인간은 유희하는 한에서만 완전히 인간이다." 인간성의 이러한 **총체성**은 예술 이외에 다른 어떠한 기능 속에서도 동일한 의미와 동일한 정도로 실현될 수 있을 것 같지 않아 보인다. 하지만 독일 정신사에서 단순히 이처럼 순수 미적으로 파악되고 미적으로 정초된 "인본주의"가 점점 더 확장되는 과정을 추적할 수 있는데, 이는 예술과는 다른 정신적 위력이 독립적이면서도 동등하게 예술과 함께 등장하면서부터다. 헤르더와 훔볼트에게 이는 언어다. 언어는 예술과 함께 창조자 역할을 공유하며, 이는 참된 "인간 생성론"(Anthropogonie)의 기초적인 동기로 현상하게 된다. 하지만 기술적 작용 영역 또한 동일한 역할을 했다고 인정하는 것은 거부된 것처럼 보인다. 왜냐하면 이 작용은 철저히 실러가 감각 충동 또는 "**질료충동**"이라 한 충동의 지배하에 놓여 있는 것처럼 보이기 때문이다. 기술적 작용에서는 **바깥**으로의 열망, 즉 전형적인 "원심적" 충동이 드러난다. 이 작용은 세계의 부분들을 차례로 인간 의지의 지배 아래 가져온다. 하지만 이러한 확장, 존재 둘레의 확대는 점점 더 "인격", 인격적 실존의 중심으로부터 멀어지는 방향으로 나아간다. 그래서 넓이의 모든 획득은 여기서 깊이의 상실을 통해 이뤄지고 있는 것처럼 보인다. 실러는 예술이 단순히 인간의 창조물이 아니라 인간의 "두 번째 창조자"라고 했는데, 이 말을 이러한 기술과 같은 기능에 어느 정도 완화된 의미로 적용할 수 있을까?

하지만 기술에서 오로지 **바깥**으로 나아가려는 노력만을 보려는 관점에 대해서는 많은 의문이 제기되고 있다. 왜냐하면 **자연**이 알맹이도 껍질도 지니지 않는다는 괴테의 말은 정신적 활동과 에너지 전체에 더 잘 맞기 때문이다. 이 정신에는 "바깥"과 "내면" 사이의 분리, 절대적 한계가 근본적으로 존재하지 않는다. 정신적 에너지가 개방하는 세계의 각각 새로운 형태는 동시에 항상 내면 존재에 대한 새로운 해명이기도 하다. 이 에너지는 내면 존재를 어둡게 하는 것이 아니라 이를 새로운 측면에서 밝힌다. 여기서 우리가 목도하는 것은 항상 내면으로부터 외면으로, 그리고 외면으로부터 내면으로 향하는 개방이며, 이렇게 왔다 갔다 하는 이중 운동을 통해 내면세계와 외면세계의 전체 틀 및 상호적 한계가 확증된다. 이런 의미에서 기술적 작용 또한 결코 단순히 "바깥"을 얻으려 하지 않으며 오히려 내면으로의 돌아감을 포함하고 있다. 또한 여기서는 한 극에서 다른 극으로 떨어져 가는 것이 아니라 둘을 새로운 의미에서 상호적으로 규정하는 것이 중요하다. 이 규정 관계를 추적해 본다면, 우선 나에 대한 지식은 특별한 의미에서 기술적 행위의 형식과 연관된 것처럼 보인다. 순수 유기적 작용과 이 기술적 행위를 가르는 한계는 동시에 자아-의식과 고유한 "자기-인식"의 발전 내에 있는 명확하고 분명한 경계선이다. 순수 물리적 측면에 따르면 인간은 바깥으로 나아가 어느 정도 외부 세계에 대해 반성함으로써 이를 통해 자기 신체에 대한 특정하고 분명한 의식, 자기 신체적 형태와 그 기능에 대한 의식을 다시 얻게 되고, 이를 통해 이 의식은 성장하게 된다. 에른스트 카프(Ernst Kapp)는 자신의 『기술철학 개요』에서 인간이 자기 기관에 대한 앎을 기관투사라는 우회로를 통해서만 얻는다는 생각을 서술하려 했다. 기관투사란 인간 신체의 개별 지체는 단순히 바깥으로만 작용하는 것이 아니라 외부적 현존 속에서 자기자신에 관한 상을 창조한다는 사실을 가리킨다. 신체에 관한 그러한 상이 원시 도구다. 이는 특정 물질적 형체와 신체의 형식 및 비례 관계의 대립이자 반영이다. 손도구 각각은 이런 의미에서 손 그 자체의 연장이자 바깥으로 나아감을 보여 준다. 모든 사유 가능한 손의 모양과 운동 방식에 따라 손은 유기적인 근원형식을 제공했고, 인간은 무의식적으로 자신의 첫 번째 필수적인 기구들을 이 형식을 본떠 만들었다. 망치와 도끼, 끌과 송곳, 가위와 집게는 손의 투사이다. "손바닥, 엄지손가락, 손가락으로 분절화되면서 펼친, 잡으려는 손, 손가락을 펼친, 손가락을 모은, 잡는, 접은 손 자체가 또는 뻗은 또는 굽은 전체 팔뚝이 손 이름을 딴 손도구의 전체 어머니다." 여기서 카프는 다음처럼 결론을 내린다. 인간은 스스로 창조한 **인공적** 상에서, **인공물**의 세계에서 자기 신체의 특징에 대한 통찰, 신체의 생리학적 구조에 대한 통찰을 얻을 수 있었다. 그가 특정한 물리적-기술적 도구를 제작하는 법을 배우고 도구를 보면서, 도구를 통해 자기 기관의 구조를 알아 갔다. 예를 들어 눈은 모든 시각적 도구의 원상이다. 하지만 다른 한편으로 이 도구를 통해 눈의 특성과 기능을 파악할 수 있다. "시각기관이 기계 작동에 투사되고, 이것이 다시 눈의 해부학적 구조와 연관되면서 시각기관의 생리학적 수수께끼가 풀릴 수 있었다. 유기적 시각도구를 무의식적으로 본떠 형태화한 도구로부터 이름을 따서 이를 의식적으로 눈 속에 있는 빛 굴절이 이루어지는 중심, 즉 '**수정체**'에 붙였다."[2]

우리는 이 명제의 **형이상학적** 내용이나 카프가 이 명제를 위해 제시한 형이상학적 정당화 내용을 여기서 추적하지는 않을 것이다. 이 정당화는 순수 사변적인 기초가정들, 즉 쇼펜하우어(Arthur Schopenhauer)의 의지 이론, 하르트만(Eduard von Hartmann)의 "무

---

2 Ernst Kapp, *Grundlinien einer Philosophie der Technik*, Braunschweig, 1877, p. 41 이하, p. 76 이하, p. 122 이하.

의식의 철학"에 기초를 두고 있고, 이는 정당하게 논파되고 예리하게 비판받았다.[3] 이런 비판에도 불구하고 여전히 카프의 다음과 같은 기초가정과 기초통찰은 유효하다. 바깥으로 향하는 방향의 기술적 작용은 항상 동시에 인간의 자기 앎이며, 이 작용은 자기 인식의 매개체다.[4] 이 견해를 받아들이면 다음과 같은 과격한 결론을 피할 수 없다. 인간은 인식의 나무의 열매를 첫 번째로 향유함으로써 순수 유기적 현존재와 생의 천국으로부터 영원히 추방당했다. 그런데 카프처럼 첫 번째 인간의 도구를 이 현존재의 단순한 연장으로 이해하고 해석한다면, 그래서 망치와 도끼, 끌과 송곳, 집게와 톱의 형태 속에서 오로지 인간의 존재와 구조만을 재발견한다 해도, 이 추론을 더 발전시켜 고유한 기술적 활동과 연계해 본다면, 이 유비는 곧바로 작동하지 않는다. 왜냐하면 이 영역은 마르크스(Karl Marx)가 말한 "유기적 한계로부터의 해방" 법칙이 지배하고 있기 때문이다. 첨단의 기술 장비와 원시 도구를 가르는 것은 첨단 장비가 자연으로부터 직접적으로 제공받은 원상으로부터 점점 더 해방되어 떨어져 나갔다는 점에 놓여 있다. 이러한 "떨어져 나감"을 통해서 도구가 보여 주고 수행해야만 하는 것, 도구의 자립적 의미와 자율적 기능이 완전히 들어서게 된다. 현대적 기계구조의 전체 발전을 지배하는 기초원칙은 기계가 더 이상 손의 움직임 또는 자연을 모방하는 것이 아니라 자신의 과제를 자연과는 완전히 다른 자신만의 수

---

3 예를 들면 Max Eyth, "Zur Philosophie des Erfindens", *Lebendige Krafte*, p. 234 이하; Zschimmer, *Philosophie der Technik*, p. 106 이하 참조.

4 Kapp, *Grundlinien einer Philosophie der Technik*, p. 26.

단들로 해결한다는 점과 연관된다.[5] 이 원칙, 그리고 원칙의 점점 더 엄격한 적용을 통해 기술은 자신만의 성숙함에 도달했다. 이제 기술은 더 이상 자연에 의존하는 게 아니라 자연과의 의식적인 대립을 지향하는 새로운 질서를 구축한다. 새로운 도구의 발명은 지금까지의 작용**방식**, 노동 방식 자체를 변형, 변혁하고 있다. 강조한 바와 같이 재봉 기계를 통해 새로운 재봉방식이, 압연기계를 통해 새로운 금속단련방식이 발명되고, 비행 문제도 기술적 사유가 새의 원상으로부터 해방되어 움직이는 날개라는 원칙을 버린 후에야 비로소 결국 해방되었다.[6] 여기서 다시금 기술적 기능과 언어적 기능, "도구의 정신"과 "정신의 도구" 사이에 있는 일관적이고 놀라운 유비가 드러난다. 왜냐하면 도구 또한 자신의 시작점에서는 "자연과의 가까움"을 철저히 지키려 했기 때문이다. 언어는 사물의 직접적이고 감각적인 인상을 그대로 전하려고 했고, 이를 가능하면 소리, 소리상 속에 모두 담아내려고 노력했다. 하지만 언어가 자신의 길에서 계속 발전하면 할수록 이러한 직접적인 의존관계에서 벗어나게 된다. 언어는 의성어 표현의 길을 떠난다. 단순한 소리 은유에서 벗어나 순수한 상징이 된다. 이를 통해 언어는 자신의 고유한 정신적 형태를 발견하고 확정했다. 언어에서 숨어 있던 기능이 참되게 전면에 들어서게 된다.[7]

---

5 Reuleaux, *Theoretische Kinematik, Grundzüge einer Theorie des Maschinenwesens*, 2B., Braunschweig, 1875 참조.

6 자세한 내용은 Dessauer, *Philosophie der Technik*, p. 40 이하; Zschimmer, *Philosophie der Technik*, p. 102 이하.

7 자세한 내용은 나의 *Philosophie der symbolischen Formen*, Bd. I, *Die Sprache*, p. 132 이하를 참조.

이처럼 기술의 과정은 문화 발전 전체를 지배하는 일반적인 규칙을 따른다. 하지만 이 규칙으로의 이행은 다른 영역처럼 투쟁과 열렬한 쟁투 없이는 이루어질 수 없다. 인간이 자연이라는 후견인에서 벗어나 자기 자신, 고유한 의욕과 사유로 홀로 서려고 할 때 자연과의 직접적인 가까움이 주는 이로움을 모두 거부했다. 자연과 그를 묶던 끈이 한번 끊어지면, 이는 옛 방식으로는 다시 이어지지 않는다. 인간이 기술적 노동의 엄격한 법칙에 들어선 순간 유기적 현존과 순수 유기적 활동이 그에게 선사했던 직접적이고 순수한 행복의 충만은 영원히 사라졌다. 첫 번째이자 가장 시초 단계에서는 작용의 두 형식 사이에 긴밀한 연결 관계가 있을 때여서 거의 눈에 띄지는 않지만 계속된 이행이 일어났다. 카를 뷔허(Karl Bücher)는 자신의 책 『노동과 리듬』에서 인간이 수행한 가장 단순한 노동이 자기 신체의 리듬 운동의 원형적 형식과 얼마나 가까이 연결되어 짝을 이루고 있었는지를 보여 줬다.[8] 이 노동은 신체 운동의 단순한 연장이다. 노동은 외적 목표의 특정한 표상에 따라서가 아니라 내부로부터 동기를 얻고 규정된다. 목적을 의식하는 의지가 아니라 순수한 표현충동, 순진한 표현의 기쁨이 이 노동 속에서 드러나고, 이 노동을 통제하고 이끈다. 오늘날에도 자연민족들의 널리 퍼진 관습에서 이러한 연관이 직접적으로 증명될 수 있다. 많은 인디언 종족에 관해서는 이들 언어가 **춤**과 **노동**을 하나이자 동일한 단어로 표시한다고 한다. 왜냐하면 둘은 이들에게는 직접적으로 가까운, 그래서 서

---

8 Karl Bücher, *Arbeit und Rhythmus*, 2. Aufl., Leipzig, 1899, 특히 p. 24 이하.

로 분리할 수 없이 연결된 현상이며, 언어적으로나 사유적으로 서로 분리할 수 없기 때문이다. 밭 노동의 성공은 이 종족들의 의식에서는 외적이고 기술적인 실행, 즉 이들의 예배를 위한 노래와 춤의 올바른 실행에 전적으로 달려 있다. 동일한 운동리듬이 두 가지 형식의 행위를 지배하면서 이들을 유일하고 분열되지 않는 생 감정의 통일 속에 모은다.[9] 실행이 매개성의 형식으로 이행하자마자, 즉 인간과 그의 작품 사이에 도구가 들어서자마자, 이 통일은 위험에 처하고 위협받는다. 왜냐하면 이 도구는 자신의 고유 법칙에 따르기 때문이다. 이 고유 법칙은 사물 세계에 속하고, 그에 따라 자유로운 척도와 규범으로 자연적 운동의 자유로운 리듬 속으로 침범한다. 유기적-신체적 활동은 도구를 자연적 현존재의 순환에 잡아 두는 데 성공하는 한도 내에서 이러한 개입과 저지에 대항한다. 기술적 작품 활동의 비교적 초기 단계에서 이는 어려움 없이 성공한 것처럼 보인다. 인간이 자신이 사용하는 도구와 함께 "자라나고", 도구를 단순한 물질, 사물, 재료로 보는 것이 아니라 스스로 도구의 기능을 위한 중심이 되어 도구와 연대감을 느끼는 한 유기적 통일과 유기적 연관은 다시 드러나고 다시 세워진다. 이 연대감은 참된 수공업자의 혼을 불어넣는다. 그의 손에서 탄생한 특수한 개별 작품 속에서 그는 단순한 사물을 앞에 두고 있는 것이 아니라 그 속에서 자기 자신, 자신의 고유한 인격적 활동을 직관한다. 기술이 발전하고 그 속에서 "유기적 한계로부터의 해방" 법칙이 더 많이 작동하게 되면, 이

---

9 자세한 내용은 Preuß, *Religion und Mythologie der Uitoto*, Göttingen und Leipzig, 1923, I, p. 123 이하, 그리고 Preuß' Aufsatz, *Der Ursprung der Religion und Kunst*, Globus, 1905, Bd. 87.

원천적 통일은 완전히 깨어지기까지 계속 헐렁하게 된다. 노동과 작품 간의 연관은 일정 방식으로 체험 가능한 연관이기를 그친다. 왜냐하면 작품의 **목적**, 작품의 고유한 텔로스는 기계가 가지게 되고, 반면 인간은 노동과정 전체에서 완전히 비자립적인 존재, 즉 기계의 부분이 되어 버리고, 이는 점점 더 작은 부분으로 변하기 때문이다. 지멜(Georg Simmel)은 "현대 문화의 비극"이라고 부르는 것의 근거를 다음에서 보고 있다. 모든 창조적인 문화는 점점 더 그 객관적 존재와 이러저러한 존재 속에서 자아의 세계에 대립되는 특정한 사물 질서를 스스로 내어놓는다. 자아, 자유로운 주관성은 이 사물 질서를 창조했다. 하지만 자아는 이것을 더 이상 통제할 줄 모르고, 그래서 자기 자신과 섞을 수 없다. 자아의 운동은 자신의 고유한 창조물에서 부서졌다. 이 창조물의 범위가 커지면 커질수록, 그 힘이 세지면 세질수록 자아의 원천적 생의 물결은 줄어든다. 모든 문화 발전 중 이 비극적 사건이 매우 명료하게 드러난 것이 바로 현대기술의 발전이다. 이 사실 때문에 현대기술에 반대하려는 사람은 기술에 대해 내리는 자신의 저주 판단이 논리적으로 **전체** 정신적 문화에 대해서도 해당한다는 점을 잊곤 한다. 기술만이 이 상황을 창조한 것이 아니라 이를 특별히 눈에 띄는 사례를 통해서 긴급하게 우리 앞에 보여 주고 있다. 우리가 여기서 고통과 병에 대해 이야기한다면, 기술은 고통의 근거가 아니라 고통의 현상, 증상일 뿐이다. 문화의 개별 **영역**이 아니라 문화의 **기능**이, 문화가 가고 있는 특수한 길이 아니라 그것의 보편적인 **방향**이 여기서 결정적이다. 그렇기에 적어도 기술에 대해 제기하는 비판은 잘못된 재판석 앞에서 제기하지 말아야 한다. 기술을 평가할 기준은 결국 정신이라는 기준이지 단순한 유기적 생이라는 기준일 수는 없다. 기술에 적용할 법칙은 정신적 형식 세계의 전체에서 가져와야 하는 것이지 단순한 생의 영역에서 가져와선 안 된다. 이렇게 파악한다면, 기술의 가치와 무가치에 관한 물음은 곧 다른 의미를 얻게 된다. 이 물음은 우리가 기술의 "이익"과 "손실"을 재고 이를 비교하거나, 기술이 인간에게 가져오는 부를 전(前)기술적인 "자연상태"의 이상향과 비교함으로써 너무 쉽게 찾아내는 것을 통해 대답할 수 없다. 여기서는 쾌와 불쾌, 행복와 불행이 문제가 아니라 자유와 비자유가 문제다. 기술적 능력과 기술적 부의 성장은 필연적이고 본질적으로 증가하는 의존 정도를 포함하며, 이는 인간에게 자기해방의 수단이기는커녕 점점 더 인간을 강제와 노예로 만들고 있다. 그렇게 기술에 대한 유죄 판결이 내려졌다. 거꾸로 자유의 이념은 기술에 방향을 지시하고 기술 속에서 결국 자기 자신을 관철해야만 한다. 그래서 이 목표의 의미는 이 길에 고통과 수고가 있다고 해서 축소될 수 없다. 왜냐하면 정신의 길은 언제나 거부의 법칙 아래, 말하자면 영웅적 의지의 명령 아래 놓여 있기 때문이다. 영웅은 모든 순진하고 충동적인 행복 추구를 거부함으로써만 자신의 목표에 다다르며, 이를 실현할 수 있다는 점을 알고 있다.

IV

하지만 기술적 정신과 기술적 의지가 인간에게 강제하는 요구와 인간의 행복 추구 사이에서 일어나는 갈등은 여기서 일어나는 유일하고 가장 격렬한 대립이 아니다. 대립이 문화형식들의 영역에서 반복될 때 그것은 더 심각하고 위협적이 된다. 참된 최전선은 정신의 매개성과 생의 직접성이 더 이상 다투지 않는 곳, 그 대신 정신의 과제 자체가 계속 세부적으로 전문화되어 서로 점점 더 소외되는 곳이다. 왜냐하면 이제 이 소외를 통해 위협받는 것은 현존재의 유기적 통일만이 아니라 "이념"의 통일, 목적방향과 목적설정의 통일이기 때문이다. 기술 또한 자신의 발전 속에서 단순히 정신의 다른 기초방향들 옆에 있는 것이 아니라 이들과 평화롭고 조화로운 질서를 맺는다. 기술이 이들과 구별된다면 이들로부터 분리되어 이들에 대항하게 된다. 기술은 단순히 자신의 규범만을 고집할 뿐 아니라 이를 절대적으로 관철하려고 하며 다른 영역에 이를 강제하려고 한다.

여기서 정신적 실행의 영역, 정신의 고유 영역에서 새로운 갈등이 생긴다. 이제 요구되는 것은 "자연"과의 단순한 대결이 아니라 정신 내에 있는 경계 설정이며, 개별 규범들을 만족시키면서 동시에 제한하는 특정한 보편적 규범의 설정이다.

이 경계 설정은 기술과 **이론적 자연** 인식의 관계에서 가장 단순한 방식으로 드러난다. 여기서 조화는 처음부터 주어지고 보장된 것처럼 보인다. 위아래를 둘러싼 투쟁이 아니라 상호적인 주고받음이 있다. 두 기초방향 각각은 자기 발로 서 있다. 하지만 두 측면 모두 자립성을 요구하지는 않으며 각각 자연스럽게 다른 것에 혹은 합심하여 다른 것에 도움이 되는 방향으로 발전한다. 행위와 사유, 사유와 행위가 모든 지혜의 총량을 형성한다는 괴테의 말의 진리가 여기처럼 드러나는 곳도 없다. 왜냐하면 "추상적인", 순수 이론적인 자연법칙의 인식이 선행하면서 기술적인 문제설정과 구체적-기술적 활동에 방향을 지시하는 건 아니기 때문이다. 오히려 두 과정은 처음부터 서로 침투하며 균형을 유지하고 있다. **역사적으로** 이 관계는 르네상스 시대 이후 "자연의 발견"이 유럽 역사에서 어떻게 이루어졌는지를 볼 때 명확하게 드러난다. 이 발견은 결코 위대한 자연 연구자의 작품이 아니라 본질적으로 위대한 **발명가**의 물음 설정으로 거슬러 올라간다. 레오나르도 다빈치(Leonardo da Vinci)와 같은 정신에서 두 기초방향은 고전적 단순성과 깊이를 간직한 채 서로 섞여 있다. 레오나르도가 단순한 학자 그룹, 스스로 명명했듯 "학자들"(Letterati)의 정신과 결별한 것은 그에게 "이론"과 "실천", "실천"과 "제작"(Poiesis)이 이전과는 완전히 다른 정도로 서로 섞여 있다는 사실을 보여 준다. 그는 예술가이면서 기술자, 과학적 탐구자이며, 거꾸로 모든 탐구가 기술적 문제와 예술적 과제로 뒤바뀐다.[1] 이는 단 한 번의 결합이 아니라 본질적인 기초관계로서 르네상스 전체 학문의 방향을 이끈다. 이론적 역학의 기초설립자인 갈릴레이(Galileo Galilei) 또한 기술적 문제부터 시작했다. 올쉬키(Leonardo Olschki)는 갈릴레이에 관한 책에서 정당하게 이 점을 매우 강조했다. 그는 말하기를 "극소수의 전기기술자만이 갈릴레이의 발명과 그의 학문적 발전 측면에 주목했다. 하지만 그의 다양한 소질 중 가장 원천적이고 끈질긴 소질은 서로 상관없는 것처럼 보이는 그의 작품들의 중심을 이룬다. … 우리는 다음 사실에 주목해야 한다. 물리학과 천문학 영역에서 갈릴레이의 모든 발견은 그의 발명 또는 특수한 설비의 도구와 긴밀히 연관되어 있다. 그의 기술적 천재성은 이론적 창의성에 방향과 표현을 제공한 그의 학문적 시도의 전제다".[2] 이런 사태의 설명은 이론적 활동과 기술적 활동이 동일한 자연 "질료"에 작용한다는 점에서 외적으로만 서로 연관되어 있을 뿐만 아니라 각 활동의 생산성의 원칙과 핵심에서 서로 가깝다는 점을 알려 준다. 왜냐하면 생각이 바깥으로 내어놓는 자연의 상은 단순히 정적인 관찰을 통해 얻을 수 있는 게 아니라 능동적 힘의 개입을 필요로 하기 때문이다. 인식 비판적 반성을 통해 이 상의 원천과 조건에 파고들면 들수록 이 자연 상은 결코 단순한 재현(Nachbild)이 아니며, 그 윤곽이 자연으로부터 미리 표시된 것이 아니라 사유의 자립적인 에너지를 통해 형태화된 것이라는 점

---

1 이에 대한 자세한 내용은 *Individuum und Kosmos in der Philosophie der Renaissance* (Studien der Bibliothek Warburg, XI), Leipzig, 1927.
2 Olschki, *Geschichte der neusprachlichen wissenschaftlichen Literatur*, Bd. 111: Galilei und seine Zeit, Halle, 1927, p. 139 이하.

이 더욱더 명확히 드러난다. 그래서 여기서 **칸트**식으로 말하자면 지성은 "자연의 원작자"라 할 수 있다. 하지만 이 원작자는 다른 방향을 수용하게 된다. 즉 그것은 기술적 창조 영역을 들여다보자마자 새로운 길로 들어서게 된다. 기술적 작품 또한 이론적 진리와 기초규정을 공유한다. 즉 둘은 "현실과 생각의 일치"(*adaequatio rei et intellectus*)를 요구한다. 하지만 이론적 인식과 비교하자면 기술적 창조는 이 "일치"를 단순히 주어진 것으로 발견하는 것이 아니라 구하고 계속 생산해야 한다는 점이 더 명확히 드러난다. 기술은 자연법칙에 따르고 이를 자기 작용의 깰 수 없는 전제로 고찰하면서 자연에 따른다. 하지만 자연법칙에 대한 순종에도 불구하고 자연은 기술에 결코 완결된 것, 단순한 **정립된 것**이 아니라 기술을 통해 계속 **새로 정립해야 하**는 것, 항상 다시 형태화해야 하는 것이다. 정신은 항상 새롭게 대상을 자신에, 자신을 대상에 맞추면서 이 이중적 활동 속에서 참된 일치, 둘의 고유한 "대응"을 찾아내고 확보한다. 이 [이중] 운동이 더 확장되고 운동의 힘이 더 커질수록, 정신은 현실을 "감당할" 수 있음을 느끼고 알게 된다. 이 [정신의] 내면의 성장은 현실의 지속적인 인도, 현실의 준칙과 그 후견인 노릇 아래 이루어지는 것이 아니다. 반대로 성장은 우리가 항상 "현실"로부터 "가능"의 왕국으로 돌아가서 현실을 가능의 상 아래 볼 것을 요구한다. 이 시선과 방향의 획득은 순수 이론적인 관점에서 보면 기술의 가장 위대하고 사유할 만한 성취다. 필연의 영역 한가운데에서 필연을 직관하면서 기술은 자유로운 가능성의 영역을 발견한다. 가능성은 무규정성, 단순히 주관적인 불확실성만이 아니다. 이는 사유에 철저히 객관적인 것이다. 기술은 우선 **존재하는** 것이 아니라 존재할 **수** 있는 것에 관해 묻는다. 하지만 이

"가능성"(Können) 자체는 어떤 가정이나 추측을 의미하는 게 아니라 스스로 실연적인(assertorische) 주장이자 실연적인 확실성을 표현한다.[3] 이 확실성의 궁극적인 증명은 단순한 **판단**이 아니라 특정한 **인공물**(Gebilde)의 제작과 생산에서 찾아야만 한다. 이런 의미에서 참되고 창의적인 모든 기술적 성취는 덮개를 벗김(Auf-Decken)이라는 발견(Ent-Decken)의 성격을 지닌다. 이를 통해 그 자체로 존재하는 어떤 것을 가능의 영역에서 빼내어 현실 영역에 심는다. 라이프니츠가 자신의 형이상학에서 대상 자체의 본질 또는 가능성을 창조하는 게 아니라 존재하는, 그 자체로 존속하는 가능성 가운데 최선의 것을 선택하는 신적인 "데미우르고스"라는 제작자를 언급하는데, 바로 이 제작자가 기술자다. 이처럼 기술은 "객관"의 영역, 즉 견고한 보편적인 법칙에 의해 규정된 영역이 결코 감각적으로 실현된 현존 영역과 일치하지 않는다는 것을 우리에게 알려 주고 있다.[4] 순수 이론적인 자연과학은 가능의 왕국, 순수–이념의 왕국으로 계속 넘어가지 않으

---

3 [옮긴이] 칸트에 따르면 양상 범주에는 세 가지 판단, 개연판단, 실연판단, 필연판단이 있다. 여기서 실연판단은 현실을 기술하는 판단이다. 개연판단은 추측의 판단, 필연판단은 당위 판단이다.

4 데사우어는 자신의 『기술철학』(p. 47)에서 예리하고 의미심장하게 다음처럼 말한다. "발명가가 자신이 첫 번째로 제작하여 '생성된' 대상을 다시 만나는 것은 초유의 체험력이 발동되는 만남, 강한 계시가 열리는 만남이다. 세계의 지혜는 이를 지나친다. 발명가는 자신의 창조로부터 — 물론 그의 창조로부터만은 아니지만 — 얻은 것을 '내가 이것을 만들었다'는 것이 아니라 '내가 너를 발견했다'는 감정으로 직관한다. 너는 이미 어느 곳에 있었고, 오랫동안 나는 너를 찾아야만 했다. … 내가 이제야 있는 그대로의 너를 발견해서 너가 이제야 있고, 오게 된 것이다. 오로지 그럴 수밖에 없기 때문에 그렇게 있는 그대로 네가 나의 직관에 들어오기 전까지 너는 등장할 수도, 너의 목적을 실현할 수도, 실제로 작동할 수도 없었다! 이제 너는 가시적인 세계 속에 있다. 하지만 나는 너를 다른 세계 속에서 발견했고, 내가 너의 현실적인 형태를 다른 왕국에서 올바르게 보기 전까지 너는 그렇게 오랫동안 가시적 왕국으로 넘어오길 거부했다."

면 결코 현실을 인식할 수 없다. 하지만 그의 마지막 목표는 현실만을 보는 것처럼 보이며, 자연의 사실적인 과정을 완전하고 명료하게 기술하는 것을 완결 짓는 것처럼 보인다. 하지만 기술적 창조는 결코 이러한 순수 사실성, 대상의 주어진 겉모습과 연결되는 게 아니라 순수 선취, 미래로 미리 나아가 새로운 미래를 불러오는 미리 봄의 법칙 아래에 있다.

하지만 이 통찰로 인해 이제 기술적 "형식" 세계의 중점은 점점 더 옮겨져 순수 이론적 영역에서 **예술**과 예술적 창조의 영역으로 넘어가는 것처럼 보인다. 두 영역이 얼마나 가깝게 엮여 있는지는 사실 특별한 증명을 필요로 하지 않는다. 기술적 형식 세계의 탄생과 예술적 형식의 탄생이라는 구체적인 생성에서 두 영역 간의 이행이 얼마나 활발한지를 보여 주기 위해 일반 정신사에 대한 고찰만으로 충분하다. 다시금 르네상스는 "**보편인간**"(uomo universale)으로 교육시키는 데 있어 레온 바티스타 알베르티(Leon Battista Alberti) 또는 레오나르도 다빈치라는 정신에서 기술적 동기와 예술적 동기가 상호 침투하는 위대한 사례를 보여 준다. 이 인물 간 동일성으로부터 사태의 핵심을 추론하는 것처럼 자연스럽고 매력적인 일은 없다. 사실 기술의 현대적 옹호자 중 기술을 예술과 동일시함으로써만 기술을 최대한 옹호할 수 있다고 믿는 이들이 있다. 이들은 말하자면 기술 낭만주의자다. 이들은 기술을 시의 마법으로 꾸밈으로써 이를 옹호하고 정당화하려 한다.[5] 하지만 기술 성취에 대한 모든 시적인 찬미는 기술적 **창조**와 예술적 **창조** 사이에 있는 차이를 규정하는 과제에 직면해야만 한다. 이 차이는 예술가와 기술자의 "객관화" 방식을 고찰하면 드러난다.

"기술철학"에 관한 최신의 문헌을 보면 기술작품이 순수 미적인 작용을 할 수 있는지 그리고 그것이 어느 정도까지 순수 미적인 규범에 종속해 있는지의 물음이 반복해서 등장한다. 이 물음에 대한 답변들은 서로 극단적으로 대립된다. "미"를 기술적 생산물의 양도 불가능한 특성이라고 주장하고 찬양하는가 하면 반대로 "거짓된 경향"이라고 깎아내린다. 매우 치열하게 진행된 이 싸움은 주장과 반대 주장에서 미의 개념을 너무 다른 의미로 사용한다는 점을 고려하면 해결된다. "미"의 규범이 "소재"에 대한 "형식"의 승리, "질료"에 대한 "이념"의 승리라고 말한다면, 기술이 얼마나 이 규범에 참여하는지는 의심의 여지가 있을 수 없다. 하지만 이 형식미는 **전적으로** 정신적 실행, 정신적 형태화 일반의 전체 범위를 포함한다. 이런 의미로 이해한다면 플라톤이 『향연』에서 표현한 것처럼 신체적 형태의 미뿐만 아니라 논리적 미와 윤리적 미, "인식의 미"와 "습관과 노력의 미" 또한 있게 된다. 이 포괄적인 형식 개념에서 예술적 창조의 특수 영역을 구획하기 위해서는 본질적인 제한과 특수한 규정이 필요하다. 이는 모든 예술미가 **표현**의 기초현상이자 근원 현상과 맺고 있는 관계로부터 나온다. 예술 작품은 자기에게만 고유한 방식으로 "형태"와 "표현"이 서로 이행하게끔 한다.[6] 작품은 객관 영역으로 나아가는 창조물이며, 이는 엄격한 객관적 법칙성을 보여 준다. 하지

5　특히 막스 아이트의 논문 참조. "Poesie und Technik", *Lebendige Krafte*, p. 9 이하.

6　[옮긴이] 여기서 형태(Gestalt)는 말 그대로 물질적 형태를 가리킨다. 이에 반해 표현(Aus-druck)은 예술가 영혼의 표현을 가리킨다. 표현이 내면적인 측면이라면 형태는 외적인 측면이다. 카시러에 따르면 예술 작품은 이러한 형태와 표현의 통일이다. 이에 반해 기술작품은 표현 없는 형태에 불과하다.

만 이 "객관"은 결코 단순히 "바깥"이 아니라 내면의 외화이며, 이 내면은 외면에서 투명하게 자신을 드러낸다. 최고조로 완성된 시, 회화, 조각 형식은 자아로부터 "분리"된 것이지만 항상 순수한 자아 운동으로 가득 차 있다. 이 운동의 리듬은 비밀스럽게 형식 속에 남아 있고 이 속에서 직접적으로 우리에게 말을 건다. 형태의 테두리는 영혼의 특수한 특성을 항상 지시하고 있고, 이 형태 속에서 영혼은 자신을 드러낸다. 테두리는 결국 이 영혼의 전체, 즉 모든 참된 예술적 개별성 속에 담겨 있는 영혼의 총체성으로부터만 이해할 수 있다. 이 전체 및 개별적 특수성은 기술작품에는 없다. 기술적 창조와 예술적 창조의 순수 **체험내용**을 고찰해 보면, 둘 사이에는 엄격한 경계선을 결코 그을 수 없는 것처럼 보인다. 강도, 풍부함, 열정적 감동의 측면에서 하나가 다른 것에 빠지는 것이 없다. 발견자 또는 발명가가 매우 오랫동안 마음으로만 품고 있던 것을 처음으로 현실에 내놓을 때 생기는 영혼적-정신적 감동이 시나 조각 형상이 예술가로부터 떨어져 나와 자신만의 존재와 권리를 가지는 인공물로 있게 될 때의 감동보다 더 적다고 할 수 없다. 하지만 이 분리가 실행되기만 하면 순수 기술적 영역에서 창조자와 그의 작품 사이에는 예술적 영역과는 전혀 다른 관계가 지배하게 된다. 현실에 세워져 완성된 작품은 이제 계속 이 현실에만 속한다. 이 작품은 순수 사물 세계이며, 이 세계 법칙에 종속되며, 이 세계의 기준에 의해 측정된다. 작품은 계속 자기 자신만을 위해 존재하며, 원천적으로 자신이 속했던 창조자가 아니라 오로지 자기 자신만을 주장한다. 하지만 이 분리 양상은 예술가에게 요구할 수 없으며, 이는 예술가에게 불가능하다. 예술가가 자기 작품 속에서 완전히 사라진다 해도, 말 그대로 사라지는 것은 아니다. 작품이 순수하게 독립적으로 존재한다 해도, 이는 항상 개별적인 생활형식, 개별적인 현존, 개별적인 이러저러함을 증거하기 마련이다. 작품미와 표현미의 이런 종류의 "조화"를 기술적 창조는 도달할 수도, 목표로 삼을 수도 없다. 에펠탑 건립 중에 파리의 예술가들이 예술적 취미의 이름으로 이 "쓸데없고, 기괴한" 건축물에 항의하기로 합의했을 때, 에펠(Gustave Eiffel)은 자기 작품이 고유한 미를 지니고 있다고 굳게 확신한다고 답했다. "안정성의 올바른 조건들은 항상 조화의 조건들과 일치하지 않는가? 모든 건축물의 기초는 건물의 주요 라인이 자신의 사명에 완전히 일치하는 것이다. 하지만 나의 탑에서 기초조건은 무엇인가? 이는 바람을 잘 견디는 것이다! 그래서 나는 정역학적 계산에 따라 엄청난 크기의 기초로부터 계속 빈 공간 형태 모양으로 꼭대기까지 올라가는 탑의 네 기둥의 곡선이 힘과 미의 엄청난 인상을 남길 것이라고 주장한다."[7] 하지만 정역학적인 문제의 완전한 해결로부터 생겨나는 **이러한** 미는 시인, 조각가, 음악가의 작품 속에서 우리가 만나는 미와 동일한 종류가 아니며 동일한 원천을 가지는 것도 아니다. 왜냐하면 예술적 미는 자연 힘들의 "결합"에만 의지하는 것이 아니라 동시에 나와 세계의 새롭고 유일한 종합을 항상 표현하기 때문이다. 모든 문화 발전이 움직이는 두 가지 축이 **표현**의 세계와 순수 **지시체**(Bedeutung)의 세계라고 할 수 있다면, 예술은 이 두 극단의 이상적 균형에 도달한다. 반면 기술은 자신과 가장 가까운 이론적 인식과

---

7 Julius Goldstein, *Die Technik*(*Die Gesellschaft*, hrsg. von Martin Buber, Bd. 40), p. 51 인용.

더불어 점점 더 모든 표현을 포기하고 순수 지시체(Bedeutsamkeit)의 엄격한 "객관적" 영역으로 옮아가려는 특징을 지닌다.[8] 이를 통해 기술이 획득하는 성취가 항상 자체 내 희생을 포함한다는 것은 부정할 수 없다. 하지만 순수 사물 세계로 넘어가 사물로 등장하는 이러한 희생, 포기, 가능성은 그 자체가 특수한 인간적 힘, 자립적이고 필수적인 "인간성"을 증언한다.

하지만 우리가 기술적 작용과 창조를 미적 규범으로 재는 대신 그것의 **윤리적** 권리 및 윤리적 의미에 관해 묻게 되면 심층적이고 심각한 갈등이 전개된다. 이 물음이 매우 강조되고 그 책임의 중요성이 이해되는 순간에는 이미 그 결정이 내려진 것처럼 보인다. 18세기 루소가 제기한 것처럼 회의적이고 부정적인 문화비판에서 현대 기술의 발전보다 더 중요하고 강력한 [부정적] 증거는 없는 것처럼 보인다. 이 발전이 자유라는 약속, 자유라는 유혹의 환상 명목으로 인간을 계속 쉼 없이 부자유와 노예 상태로 이끌지 않았는가? 기술은 인간을 자연에의 의존관계에서 떼어 내면서 그의 사회적 의존성을 참을 수 없을 정도로 높이지 않았는가? 기술의 기초문제들과 심층적으로 씨름한 사상가들은 이처럼 항상 기술에 대해 윤리적으로 저주하는 판단을 내렸다. 처음부터 단순한 유용성 주장에 매몰되지 않고 윤리적이고 정신적인 기준을 위한 의미를 보존하려 했던 이는 칭송되고 있는 "기술적 문화"의 심각한 내적인 해로움을 아무 생각 없이 지나쳐 버릴 수 없었다. 현대 사상가 중 소수만이 이 해로움

---

8 이론적 인식에 관한 이 과정은 다음에서 상세히 서술, 발전시켰다. *Philosophie der symbolischen Formen*, Bd. III, bes. Teil III, Kap. 5, 6.

을 예리하게 보았고 이를 과감하게 들췄는데, 예를 들어 발터 라테나우(Walther Rathenau)는 이를 자신의 저작들에서 점점 더 강한 에너지와 열정으로 서술하고 있다.[9] 라테나우는 시대의 상을 다음처럼 그린다. 한편에는 노동의 완전한 탈영혼화와 기계화, 강제 노동, 다른 한편에는 무제한적인 권력의지와 지배의지, 고삐 풀린 야심과 상품에 대한 의미 없는 욕심이 기술이라는 거울 속에 비친다. "세계의 생산을 … 고찰한다면, 두려운 경악이 경제의 광기를 보여 준다. 쓸데없는 것, 무용한 것, 해로운 것, 경멸스러운 것이 우리의 잡지책에 열거되고, 며칠 거짓된 빛을 발하는 쓸데없는 유행 코너는 소란, 자극, 마비를 위한 수단이다. … 이 모든 쓸데없는 것들이 3개월마다 갱신되어 상점과 창고를 채운다. 이들의 생산, 유통, 소비는 수백만 명의 노동을 필요로 하며, 원재료, 석탄, 기계, 공장설비를 요구하며, 점점 더 세계산업과 세계무역의 삼분의 일 영역을 긴장시키고 있다." 이처럼 현대기술과 이 기술을 창조했고 이를 자신의 수단으로 유지하려는 경제는 다나이데스의 밑 빠진 독이다. 라테나우의 글을 읽는다면 이 예시가 필연적으로 떠오를 것이며, 플라톤은 『고르기아스』에서 순수 쾌락주의적인 기준을 가진 윤리학의 공허함과 자가당착을 표현하기 위해 이 예시를 이미 사용했다.[10] 충족된 욕구는 더 강한 새로운 욕구를 추구하는 데에만 이용되며, 이 순환에 빠져든 이는 여기서 빠져나오지 못한다. 노동의 엔진보다 더 무자비하게

---

9 특히 Rathenau, *Von kommenden Dingen*[1917]; *Zur Kritik der Zeit*[1912]; *Zur Mechanik des Geistes*[1913] 참조.
10 [옮긴이] 『고르기아스』, 493e~494b(김인곤 옮김, 이제이북스, 2014, 154~155쪽).

인간을 가두는 것은 기술적 문화의 결과와 결실에 혹해 이끌려 들어간 엔진이다. 이 속에서 인간은 끝이 없는 도취 속에서 욕망으로부터 향유로, 향유로부터 욕망으로 이끌린다.

여기서 기술에 대해 내려진 가혹한 유죄 판결은, 기술의 외적인 현상, 그것이 가져온 결과와 작용의 영향권 안에 우리가 있는 한, 조금도 가혹한 것이 아니다. 여기서 오로지 하나의 질문만을 제기할 수 있다. 곧 이 결과들이 필연적으로 기술의 본질을 통해 나온 것인지, 이것이 기술의 형태화하는 원칙 자체 안에 포함되어 있고 이를 통해 촉진된 것인지다. 그리고 이런 의미로 문제가 파악되자마자 새로운 관점의 고찰과 판정이 들어서게 된다. 라테나우조차도 무자비한 현대기술 문화의 모든 결점과 해로움이 기술 자체로부터가 아니라 이것이 특정한 경제 형식과 경제 질서와 결합해서 나온 것이라고 이해할 수 있으며 그래서 개선 시도는 이 측면에서 이루어져야 한다고 확신하고 있다. 이 결합은 기술의 정신에서 나오는 것이 아니다. 결합은 특수한 상황, 구체적인 역사적 상황을 통해 기술에 강요되고 재촉된 것이다.[11] 하지만 이 결합이 이루어진 이후부터 이것은 기술의 수단만으로는 결코 풀릴 수 없다. 여기서는 자연의 힘 또는 단순히 지성, 기술적이고 학문적인 지성의 힘만으로는 부족하다. 여기서 우리는 새로운 의지적 힘의 투입만이 변화를 끌어낼 수 있는 지점에 서 있다. 이 의지의 왕국, 모든 도덕적 공동체가 기초를 두고

---

11 기술의 정신을 자본주의적 경제 정신과 필수적으로 구별하는 것에 관해서는 라테나우의 저작들 외에 특히 치머(Zschimmer, *Philosophie der Technik*, p. 154 이하)와 데사우어(Dessauer, *Philosophie der Technik*, p. 113 이하)의 언급들을 참조.

있는 기초동기의 왕국을 건립할 때 기술은 오로지 봉사자일 뿐이지 지도자일 수 없다. 기술은 목표를 달성할 때 함께 작동할 수 있고 해야 하지만, 이 목표를 제공할 수는 없다. 기술은 스스로 자체 목적일 수 없고, 다른 "목적의 왕국"에 복무하는 것으로, 즉 칸트가 윤리 목적론이라고 한 참된, 궁극적인 목적론에 복무하는 것으로 만족할 때에야 비로소 자신의 고유 의미, 자신의 텔로스를 가장 잘 이해하는 것이다. 이런 의미에서 기술의 "탈물질화", 기술의 윤리화는 우리의 현재 문화의 중심 문제 중 하나다.[12] 기술은 스스로, 자기 영역으로부터 직접적으로 윤리적 가치를 창조할 수 없다. 그렇다고 윤리적 가치들과 기술의 특수한 방향 및 기초동기 사이에는 어떠한 소외도, 대립도 존재하지 않는다. 왜냐하면 기술은 "사물봉사(Sachdienst) 사상"의 지배 아래, 결국 모든 이가 한 사람을 위해, 한 사람이 모든 이를 위해 이루어지는 노동의 연대성이라는 이상 아래 놓여 있기 때문이다. 진짜 자유로운 의지의 공동체 이전에 기술은 기술적 작품활동에 참여한 모든 이들 사이에 일종의 운명공동체를 창조한다. 그래서 우리는 정당하게 "봉사를 통한 자유"라는 사상을 기술적 노동과 기술적 문화의 내포적 의미라고 표현할 수 있다.[13] 이 사상이 작동한다면, 그것의 내포적 의미가 점점 더 외연적 의미로 드러나게 될 것이다. 즉 기술적 창조 속에서 **일어나는** 것이 그 기초방향에서 인식되고 **이해되어** 정신적, 윤리적 **의식**으로 고양될 것이다. 이렇게 되면 기

---

12 "윤리화" 문제는 다음을 통해 중심을 차지하게 되었다. Viktor Engelhardt, *Weltanschauung und Technik*, Leipzig, 1922, 특히 p. 63 이하. 그리고 Richard Nicolaus Coudenhove-Kalergi, *Apologie der Technik*, Leipzig, 1922, p. 10 이하.

13 Dessauer, *Philosophie der Technik*, p. 86, 특히 p. 131 이하 참조.

술은 단순히 자연 폭력을 극복할 뿐 아니라 인간 속에 있는 혼돈의 힘들을 극복한 것으로 증명된다. 오늘날 비난의 대상이 되는 기술의 모든 결점과 약점은 기술이 아직 자신의 최고 과제를 성취하지 않았다는 것이고, 심지어 이를 아직도 인식하지 못했다는 것이다. 하지만 자연의 모든 "유기 조직"이 노동 의지, 참된 노동 동기의 육성이라는 목적으로 나아가지 않는다면 그 조직은 문제 있고 쓸모없는 것이 된다. 오늘날 우리 문화와 사회는 이 목표로부터 멀리 떨어져 있다. 하지만 이 목표 자체가 파악되고 계획적이고 효과적으로 실현된다면, "기술"과 "형식"의 참된 관계가 성취되고 이들의 가장 심층적인, 형식을 형성하는 힘을 증명할 수 있을 것이다.

2부
—

카시러의 기술철학 읽기
— 자유의 형식으로서의 기술

† 이 글은 세 부분으로 나뉘어 있다. 첫 부분은 카시러의 상징적 형식의 철학 일반을 다룬다. 이는 기술을 상징적 형식으로 고찰하는 것의 의미를 이해하기 위함이다. 두 번째 부분은 카시러의 기술철학 논문을 상세히 살펴본다. 카시러의 논문을 쉽게 풀어 해석한다. 세 번째 부분은 카시러의 기술철학을 현재의 기술철학 담론에서 고찰한다.

1장

카시러의 상징적 형식의 철학 또는 문화철학

카시러의 생애

에른스트 카시러(Ernst Cassirer)는 유대계로 현재는 폴란드에 속하지만 과거에는 독일에 속했던 브레슬라우(브로츠와프)에서 1874년에 태어났다. 1892년에 베를린 훔볼트 대학에서 법학, 독문학, 철학을 전공했다. 지멜(Georg Simmel)의 강의를 통해 헤르만 코헨(Hermann Cohen)을 알게 되고, 코헨의 지도로 박사 논문 『수학적, 자연과학적 인식에 대한 데카르트의 비판』(*Descartes' Kritik der mathematischen und naturwissenschaftlichen Erkenntnis*)을 썼다. 그 후 주로 인식론과 관련된 저술과 논문을 발표했으며, 1919년 새로 생긴 함부르크 대학 철학과 교수로 부임한다. 교수 시절 동안 인식론에서 문화철학으로 관심을 확대했으며, 특히 1923년부터 1929년까지 세 권으로 된 주저 『상징적 형식의 철학』(*Philosophie der symbolischen*

Formen)을 완성했다. 이는 함부르크 대학에 있던 바르부르크 학파와 밀접한 관계를 맺게 되면서 가능했다. 1929년에는 다보스에서 열린 철학 심포지엄에서 하이데거와 유명한 논쟁을 벌였다. 1933년 1월에 히틀러가 집권하자 3월에 카시러는 독일을 떠나 영국에서 지내다 1935년부터 1941년까지 스웨덴 예테보리 대학에서 교수직을 맡았으며, 1941년부터 미국 예일 대학, 1944년부터는 컬럼비아 대학에서 교수직을 수행하다 1945년에 뉴욕에서 사망했다. 미국에서는 『인간이란 무엇인가』, 『국가의 신화』를 집필했다.

카시러의 문화철학

카시러는 『상징적 형식의 철학』에서 문화철학을 전개한다. 여기서 '상징적 형식의 철학'은 곧 문화철학을 의미한다.[1] 그런데 카시러는 철학 자체를 문화철학으로 간주한다. 예를 들어 보통 '문화철학'의 반대말로 우리는 자연철학 혹은 자연과학을 떠올릴 수 있다. '문화'의 반대가 바로 '자연'이기 때문이다. 빌헬름 딜타이(Wilhelm Dilthey)에 따르면 '자연과학'은 자연을 대상으로 하는 학문이고, 문화철학, 곧 정신과학은 정신을 대상으로 하는 학문이다. 딜타이는 '자연'과 '정신'을 대립적인 개념으로 설정한다. 자연과학은 주어진 대상을 경험하면서, 이 대상을 있는 그대로 기술한다. 이에 반해 정신과학은 인식 주체와 분리된 대상이 아니라 주체 자신을 자기반성

---

1 *Kultur und Symbol. Ein Handbuch zur Philosophie Ernst Cassirers*, hrsg. von Hans-Jörg Sandkühler und Detlev Pätzold, Stuttgart, 2003, p. 17.

을 통해 서술한다. 정신과학의 대상은 역사, 문화이며, 인간의 활동 전반이다. 그런데 이를 관찰하는 인식 주체는 인간의 활동을 관찰하면서 이를 단순히 '경험'하는 게 아니라 '체험'한다. 즉 인간의 활동을 관찰하면서도, 이를 이해하기 위해 인식 주체는 스스로를 반성한다. 왜냐하면 자신 또한 관찰 대상인 인간과 같기 때문이다. 여기서 대상과 주체의 구별은 존재하지 않는다. 체험이란 바로 자기 체험에 지나지 않는다. 이에 반해 자연과학의 대상은 주어진 자연으로서 인식 주체와 구별된 사물 세계다. 그래서 자연은 체험의 대상이 아니라 '경험'의 대상이다. 체험의 대상은 자기반성을 통해 '이해'하며, 경험의 대상은 대상 기술을 통해 '설명'한다.

그런데 카시러에 따르면 자연과학 또한 학문적 개념 체계를 통한 자연 인식이며, 여기서 '개념 체계'로서의 '학문'이라는 '형식' 자체가 문화의 한 형식이다. 그래서 자연과학 또한 문화철학이 다루는 문화에 속한다. 딜타이는 학문이 향하는 대상을 서로 구별함으로써 자연과학과 정신과학을 구별한다. 즉 인식 행위와 그 대상을 구별한다. 그리고 대상을 하나의 주어진 사실로 전제한다. 자연과학의 대상인 자연은 하나의 사실로서 주어진 것이고, 정신과학의 대상인 정신 또한 그러하다. 카시러는 인식 행위와 대상을 구별하는 게 문제라고 지적한다. 오히려 인간의 정신활동 자체가 대상을 구성하는 활동하며, 그래서 존재하는 대상과 인식을 서로 구별할 수 없다. 말하자면 정신의 인식하는 활동이 따로 있고, 정신이 인식하는 대상이 따로 있는 것이 아니다. 정신의 활동이란 자신이 인식하는 대상을 스스로 구성하면서 인식한다. 대상을 구성하는 행위와 대상을 인식하는 행위는 동시적이다.

딜타이는 자연과학과 문화과학을 구별한다. 그런데 카시러가 보기에 딜타이가 구별하는 자연과학이든 문화과학이든 대상을 자신만의 형식으로 구성한다는 점에서 서로 같다. 자연과학은 자연을 구성하는 '개념 체계'며, 문화과학은 문화를 구성하는 '개념 체계'다. 카시러가 보기에 둘 모두 인간의 문화에 속하며, 그래서 딜타이의 자연과학과 정신과학은 모두 문화철학에 속한다.

문화철학의 기획 동기

그렇다면 카시러는 왜 이러한 문화철학을 기획하려는 것일까? 카시러는 이 기획 동기를 전체 철학사의 흐름에서 찾는다. 카시러가 신칸트주의자라는 오해를 많이 받았지만, 그의 서술 방식은 오히려 헤겔 철학에 매우 가깝다. 헤겔은 자신의 철학을 철학사 전체를 통해 정당화한다. 말하자면 왜 자신의 철학이 자신이 살던 시대에 필요한지를 철학사 전체의 흐름을 통해 정당화한다. 헤겔에 따르면 특정 철학, 예를 들어 니체 철학이 생겨나기 위해서는 니체라는 한 개인의 자의적인 취향이나 결심, 삶의 행로가 필요한 것이 아니라 항상 시대와 지역적인 문맥이 중요하다. 니체 철학은 니체 한 개인의 결과물이 아니라 언제나 과거로부터 이어져 온 역사라는 전체 문맥에서 흘러나온 결과물이다. 헤겔이 제시하는 이러한 철학사 관점을 카시러는 그대로 받아들인다.

카시러에 따르면 전통적으로 철학은 존재 전체를 파악하려 했다. 이때 철학의 기관은 '논증적 지성'이고, 철학은 논증적 지성이 구축한 개념 체계를 통해 대상을 파악한다. 논증적 지성은 대상을 인식하는 방식에서 '직관'과 반대다. 직관이란 단번에 보는 것이고, 이 것이 주어진 사물 전체를 한 번에 파악한다면, 논증적 지성은 사물의 부분 및 부분 간의 연관관계를 파악함으로써 사물 전체를 구성한다. 원래 주어진 대상은 하나의 전체이며, 이를 논증적 지성은 부분으로 분해해 다시 구성한다. 부분들을 분석하고 계속 나열하고, 그 연관관계를 추적하면서 종합하고, 그 결과물로서 사물 전체를 제시한다. 이에 반해 직관은 사물을 부분으로 나누지 않고 그 전체를 한 번에 본다. 철학사에서는 주어진 존재 전체를 어떻게 파악해야 하는지를 둘러싸고 '직관이냐 논증적 지성이냐'는 논쟁을 수없이 반복해 왔다.

　철학이 파악하려 한 존재 전체는 하나의 주어진 것, 하나의 완결된 것으로 간주되었다. 여기서 문제가 발생한다. 존재 전체가 하나의 완결되고 주어진 것이라면, 어떻게 철학의 기관을 통해 이를 파악할 수 있을까? 왜냐하면 그 기관인 논증적 지성은 전체를 한 번에 파악할 능력이 없기 때문이다. 그래서 철학은 '부정의 길'과 '긍정의 길'이라는 두 가지 방식을 택했다. 철학은 '부정의 길'을 통해 스스로가 존재 전체를 파악할 능력이 없음을 보인다. 이를 위해 철학은 자신의 기관을 통해 존재 전체를 구성하려 하지만, 이것이 반드시 실패할 수밖에 없음을 보여 준다. 정말 성공하고 싶다면, 철학이라는 사다리를 걷어차야 한다. 철학은 스스로 포기하기 위해 시도된다. '긍정의 길'을 통해 철학은 직관으로 파악할 수 있는 존재 전체를 논증적 지성을 통해서도 구성할 수 있음을 보여 준다. 즉 직관을 통해 파악한 존재가 개념을 통해 구성된 존재와 결과적으로 같음을 보여 준다. 이러한 동일성의 철학은 개념으로 구성한 복잡한 존재가 어떻게 직관으로 파악된 단순한 존재와 같은지를 보여 주어야 한다. 하지만 복잡한 존재와 단순한 존재가 일치할 수 있음을 보여 주는 건 쉬운 일이 아니다. 직관을 통해 볼 수 있는 단순한 존재를 왜 이렇게 힘들게 개념 체계를 구축하여 구성해야만 하는지 의문도 제기할 수 있다. 더 중요한 것은 존재가 단순히 주어져 있는 것이고 이를 직관으로 파악할 수 있다면, 존재는 하나의 완결된 전체로 놓여 있다는 점이다. 이를 개념을 통해 논증적으로 인식하는 게 과연 가능한가? 개념을 통해 차근차근 인식한다 해도, 이는 하나의 발전적인 인식의 과정을 거쳐야 하고, 이러한 개념적 서사를 통해 구축된 존재는 하나의 완결된 존재가 아니라 자신을 완성하는 존재로 서술되기 마련이다. 하지만 이것이 직관으로 파악된 단순한 존재와 어떻게 같을 수 있는가?

이처럼 직관과 논증적 지성이라는 두 가지 방법은 서로 대립하고 있으며, 이를 이어 줄 끈은 없는 것처럼 보인다. 철학사에서 반복되는 이러한 방법론적 대립이 존재하는 상황에서 카시러는 "모든 문화가 특정한 정신적 형상세계들, 즉 특정한 상징적인 형식들을 창조하는 역할을 한다"는 점에 주목하고, 이러한 '형식에 대한 철학'을 통해 이 대립을 극복할 수 있음을 확신한다.[2] 문화가 창조한 여러 상징적 형식이 있는데, 이들 모두 제각기 다르지만 공통적인 '함수'로 포괄할 수 있고, 이 '함수'를 분석해 보면 모두가 이러한 대립을 극복했다는 것이 카시러의 주요 주장이다. 이것에 대한 적극적 힌트를 카시

---

2 Ernst Cassirer, 『상징적 형식의 철학. 제1권: 언어』, 박찬국 옮김, 아카넷, 2011, 109쪽.

러는 칸트의 비판 철학에서 발견한다. 칸트에 따르면 인식은 주어진 대상을 단순히 수용하는 것도, 그렇다고 자신의 개념을 대상에 일방적으로 강요하는 것도 아니다. 오히려 인식은 정신의 능동성과 감각의 수동성이 결합된 하나의 통일체다. 즉 인식은 감각의 다양을 하나의 극으로 가지고 있으면서도 개념의 통일을 다른 극으로 가지고 있고, 이 두 극을 근원적으로 통일하는 활동을 수행한다. 이런 점에서 대상은 단순히 주어진 것이 아니라 의식의 한 계기에 불과하며, 의식은 이러한 대상을 근원적으로 통일하는 활동 속에 포함한다.

　카시러는 칸트의 비판 철학의 전통을 계승한다고 표현하지만, 칸트와는 근본적으로 다르다. 칸트도 물론 수동적 감각과 능동적 지성의 종합 활동을 통각으로 규정하면서, 감각과 지성이 근원적인 통일 속에 있는 두 가지 계기라고 주장한다. 즉 기본적으로 외부로부터 들어온 자료가 있어야 인식이 성립한다고 주장한다. 주체만 있어서는 인식이 성립이 안 되고, 외부 세계로부터 온 감각 자료가 있어야 한다는 것이다. 하지만 근본적으로 칸트는 외부 자료 없는 "순수한 인식" 또한 가능하다고 주장한다. 이러한 점에서 칸트의 선험철학은 감각과 지성을 두 가지 동등한 계기로 보는 것이 아니라 오히려 "선험적 주체"의 우위를 주장하면서 객체를 동등한 계기라기보다는 주체에 종속적인 것으로 제시한다. 이를 통해 칸트의 선험철학에서 동등한 것처럼 보이는 두 가지 계기는 그 동등성을 잃어버리고, 선험적 주체의 "단자적인 자기 확실성"으로 해소되고 만다.[3]

3　Aud Sissel Hoel, "Technics of Thinking", in: Ingvild Folkvord and Aud Sissel Hoel, *Ernst Cassirer on Form and Technology: Contemporary Readings*, Palgrave Macmillan, 2012, p. 69.

이에 반해 카시러는 "상징적 형식"을 바로 주체와 객체를 매개하는 "기능" 혹은 "함수"로 제시한다.[4] 이 "형식"은 물질적이면서도 역사적으로 구성된 것이며 인식하는 개인이 태어나기 전에 이미 주어진 구조로서, 개인은 이 구조를 수용하면서도 이 형식을 계속 사용함으로써 비판적으로 변화시킨다. 이미 상징적 형식은 주체와 객체를 매개하는 감각적 형식으로 주어져 있으며, 이 형식은 칸트에서처럼 선험적 주체의 내면적 형식으로 환원되지 않는다.

상징화 활동

이러한 인식 활동은 상징화 활동이다. 상징이란 인간이 자신에게 들어온 인상 중 자신에게 의미 있는 것을 감각적 기호로 표현한 것이다. 즉 상징이란 의미와 감각적 기호의 통일이며, 여기서 의미는 칸트의 인식 개념에 비춰 보면 지성의 개념 작용, 감각적 기호는 감성에 주어진 감각의 다양이다. 예를 들어 내가 길을 걷다가 사과가 밑으로 떨어지는 현상만을 기억했다고 치자. 길을 걸으면서 사실 나는 여러 가지를 보고 듣고 냄새 맡았지만, 유독 사과가 밑으로 떨어지는 장면에만 주목했다. 즉 이 장면은 나에게 중요했다. 이 의미를 나는 사과가 떨어지는 장면을 회상하면서 되새긴다. 천천히 왜 이 장면이 중요한지 생각하다가, 이 현상이 예사롭지 않음을 알게 된다. 그리고 이 장면을 만유인력 법칙이라는 상징적 기호를 통해 파악하

---

4 기능을 뜻하는 "Funktion"은 또한 함수를 의미하기도 한다.

게 된다. 이제 나는 수학적 공식이라는 감각적 상징을 통해 새로운 세계와 만난다. 이제부터 만나는 세계는 과학적 공식에 의해 해석된 세계다. 그리고 이러한 공식으로 이해되지 않는 현상은 경험에서 제외되거나 과학적 공식을 수정 보완하는 데에 기여하게 된다.

물론 카시러에 따르면 지성이나 감성 각각이 모두 상징화 활동이다. 지성은 도식화된 감각이라는 기호를 개념의 활동과 통일하는 상징화 활동이며, 감성 또한 감각의 다양을 감성의 형식과 통일하는 상징화 활동이다. 하지만 이는 너무 세부적인 논의라 우리는 크게 감각의 측면과 지성의 측면을 인식의 두 축으로 보고자 하며, 여기서 의식은 두 축을 통일하는 활동으로만 존재한다. 지성의 측면이 상징적 기호 형식이라면, 감각의 측면은 이를 통해 구성되는 세계다. 상징이 의미를 감각적 기호를 통해 표현하는 것이라면, 칸트가 『순수이성비판』에서 주목하는 과학적 인식은 바로 이러한 상징화 활동이라 할 수 있다. 지성의 개념 체계를 통해 우리에게 주어진 직관의 세계를 구성하는 것이 바로 과학적 인식이다.

과학적 인식은 우리에게 특정한 현실을 구성하는 활동이다. 그것은 추상적인 개념 체계와 이를 통해 구성되는 특별한 세계를 두 축으로 가진다. 과학이론을 통해 구성된 세계가 감각적 형식이라면, 이 세계를 구성하는 과학이론은 바로 이 세계의 의미다. 과학적 인식이라는 특수한 상징화 활동을 하는 정신은 근본적으로 이 두 축을 이어 주는 활동 자체다. 수학이라는 정밀한 기호 속에는 바로 구성된 세계와 이것의 의미가 응축되어 있다.

그렇다면 정신의 이러한 근본적인 기능을 통해 구성된 현실은 진짜 현실과 다르지 않을까? 즉 정신에 의해 구성된 현실 바깥에

"절대적 현실", "물자체"는 존재하지 않을까?[5] 하지만 카시러는 이 물음을 "잘못 제기된 문제", "사유의 환영(幻影)"이라 부른다.[6] 카시러의 논변은 이렇다. 우리의 모든 문화적 형식, 예를 들어 언어, 신화, 과학, 역사, 기술 등은 모두 상징을 형성하는 기능을 통해 각자의 세계를 구성한다. 세계를 구성하는 기능을 한다는 점에서, 세계를 자신만의 형식으로 구성한다는 점에서 이들은 모두 '상징적 형식'이라는 '함수'에 속하며, 이 점에서 모든 문화적 형식은 동일하다. 인간의 역사에서 이러한 문화가 존재하는 건 사실이며, 우리는 이를 부인할 수 없다. 이 사실로부터 우리는 이 사실의 권리를 물어볼 수 있다. 즉 이러한 사실이 현재 존재하는데, 이와 같은 방식으로 존재할 수 있는 근거가 무엇인가? 이는 사실의 가능 근거에 대한 물음이며, 이는 칸트에 따르면 바로 사실에 대한 권리 물음이다. 사실 물음은 '어떤 사실이 존재하는가'를 다룬다. 예를 들어 과학적 인식, 신화, 기술, 언어 등과 같은 문화적 형식이 존재하고, 이들은 모두 자신의 세계를 구성하는 기능을 수행한다. 권리 물음은 존재하는 사실의 가능 근거를 묻는다. 즉 존재하는 사실이 어떻게 이처럼 존재할 수 있는가? 그것의 근거는 어디에 놓여 있는가? 즉 과학적 인식을 하고 있는데, 이러한 과학적 인식이 가능할 수 있는 근거는 무엇인가? 신화가 존재하는데, 이 신화가 있을 수 있는 근거는 무엇인가? 기술을 인간이 제작해 왔는데, 이러한 기술적 활동이 가능한 근거는 무엇인가? 물론 이는 칸트가 인식 비판에서 제기한 물

---

5 Ernst Cassirer, 『상징적 형식의 철학. 제1권: 언어』, 103쪽.
6 같은 책, 같은 곳.

음이며, 칸트는 과학적 인식, 윤리적 인식, 그리고 취미 판단에 한정하여 이러한 물음을 제기했다. 카시러는 칸트를 넘어 인간의 정신적 활동 전반으로 이 물음을 확장한다. 이에 대한 카시러의 대답은 바로 인간의 정신적 활동이 상징 형성 기능을 수행한다는 것이다. 인간의 정신은 상징을 창조해 왔다. 인간이 상징을 창조하게 된 이유는 세계와 관계를 맺을 때, 이 관계를 매개해 줄 장치가 필요하기 때문이다. 상징은 세계와 인간을 서로 적절한 방식으로 이어 주는 기능을 수행한다. 카시러에 따르면 '물자체'는 존재하지 않는다. 인간에게 가능한 세계는 상징적 형식을 통해 구성된 세계뿐이다. 인간은 어차피 자신에게 의미 있는 현상에만 주목하기 마련이며, 그밖의 세계는 없는 것이나 다름없다. 이 의미 있는 현상을 설명하고 표현하고 제작하기 위해 상징적 형식을 구축해 왔다. 그런데 이 형식 바깥의 존재가 무엇이냐고 묻는다면, 그 무엇은 처음부터 인간에게 의미 없고 쓸모없는 것에 지나지 않았으며, 여전히 그러하다.

결과적으로 철학사에서 직관과 논증적 지성이라는 두 방법론을 둘러싼 갈등은 인간의 정신적 활동이 작동하는 근본적인 기능을 이루는 두 측면 중 하나만을 강조해서 생긴 일이다. 물론 여기서 전제는 전체로서의 존재가 주어져 있고, 인간이 이를 인식해야 하는데, '어떻게'에서 의견이 갈라진다. 그런데 이러한 갈등은 인간 정신의 근본적인 작동 방식에 대한 성찰을 도외시한 결과다. 말하자면 인간의 정신은 상징을 창조하는 기능을 수행한다. 여기서 상징은 의미를 감각적 형식으로 표현하는 것이다. 여러 문화적 형식의 존재가 이를 증명한다. 감각적 형식이 직관에 해당한다면, 의미는 논증적 지성에 해당한다. 감각적 형식으로 주어진 대상을 중시하는 이는 직관을 통해 이를 봐야 한다고 주장한다. 반면 주어진 대상보다는 그 의미, 즉 대상을 논리적 연쇄에 따라 재구성하는 측면을 강조하는 이는 논증적 지성을 통해 이를 파악해야 한다고 주장한다. 그런데 카시러가 보기에 전체로서의 존재가 주어져 있다고 하는 가정 자체가 잘못되었다. 문화의 각 형식을 분석해 보니, 인간의 모든 정신적 활동은 이러한 의미와 감각적 형식을 상호 지시 관계로 만들면서 이를 통일하는 기능, 즉 상징 형성 기능이며, 이를 통해 우리에게 세계가 구성된다. 즉 전체로서 완결된 세계가 주어져 있는 것이 아니라 정신의 상징 형성 기능을 통해 다양한 세계가 산출된다. 주어진 존재는 없으며, 오히려 각 상징적 형식이 존재를 자신만의 방식으로 구성한다.

카시러에 따르면 인간의 모든 활동은 상징 형성 기능을 수행한다. 그리고 이러한 상징화 활동이 형성한 상징적 형식 전체를 우리는 "문화"라 부른다. 이러한 문화는 "정신적 형상 세계들"이며, "철학의 목표"는 이러한 형상 세계를 "형성하는 근본원리"를 통해 문화를 이해하고 의식하는 데에 있다.[7] 즉 '문화라는 사실'의 '가능 근거'를 해명하는 것이 바로 철학의 목표이며, 이를 정신의 근본적인 원칙으로부터 해명한다.

---

7 Ernst Cassirer, 『상징적 형식의 철학. 제1권: 언어』, 109쪽.

상징적 형식의 개념

상징은 정신적인 의미를 표현하는 감각적 기호이며, 이러한 상징적 형태화는 정신의 근본적인 활동이다. 이미 의식의 구조 자체가 항상 전체와 부분, 통일과 개별의 상호 관계로 이루어져 있으며, 철학사에서 '직관'과 '논증적 사유'의 예처럼 철학은 아쉽게도 이 중 하나만을 부각시키면서 다른 것을 배제하는 방식으로 사유해 왔다. 하지만 카시러는 의식, 정신의 활동 자체를 상징화하는 활동으로 파악하면서, 한편으로는 통일과 의미, 즉 상징적 형식이, 다른 한편으로는 이 형식을 통해 형태화되는 감각적 세계가 있으며, 이 둘이 서로의 조건이면서, 하나가 다른 하나를 통해 표현하고, 다른 하나가 하나를 통해 자신의 근거를 부여받는 방식으로 상징적 표현이 이루어진다고 강조하면서 이를 "의식에게 고유한 형식적 통일의 조건"으로 규정한다.[8]

그렇다면 이러한 상징은 어떻게 생겨나는 것일까? 인간의 의식 속에는 수많은 인상이 시간적인 순서에 따라 나타났다가 사라진다. 이 인상들은 지속적이지 않으며, 서로 구별되는 것 같으면서도 그렇게 구별되지 않는다. 모든 인상이 인간의 관심을 끌지는 않지만, 관심을 끄는 인상이 분명히 존재한다. 이러한 인상은 인간에게 의미 있는 것으로 경험된다. 의미 있는 인상은 순간적인 주목의 대상이 된다. 하지만 이 인상은 금세 사라지고 만다. 이것이 바로 "자연적인

---

8 같은 책, 90쪽.

상징"이다.[9] 나에게 의미가 있는 인상은 금세 사라지지만, 이러한 의미가 인상이라는 감각적 상을 통해 표현된다는 점에서 상징이다. 하지만 이때 인간은 의미 있는 인상에 단순히 사로잡혀 있다.

이러한 수동적 상태에서 벗어나 인간은 자신이 만든 상을 통해 이 의미를 다시 표현하려 한다. 이것이 바로 "인공적 상징"의 시작이다.[10] 자신에게 의미 있는 바를 인간은 특정한 감각적 특성을 가진 상으로 표현한다. 처음에는 자신이 주목한 인상을 모방한다. 이것이 예를 들면 언어의 기원이다. 의태어는 주로 대상의 특정한 인상을 모방한 말이고, 의성어는 특정한 인상에 의해 촉발된 인간의 감정을 표현한 말이다. 하지만 이러한 자연 모방으로서의 언어는 자연 의존성에서 벗어나 하나의 자립적인 기호체계를 형성한다.

인간은 의식 속에 있는 특정 인상에 언어기호를 통해 이름을 부여한다. 자연 모방 시엔 인상을 흉내 내기만 한다. 이러한 모방적 상징으로부터 벗어나 언어기호가 하나의 자립적인 창조물이 되면서, 언어는 하나의 독립적인 기호체계가 된다. 제비꽃을 보면 우리에게 제비꽃 인상이 생겨난다. 제비꽃이 의미 있는 인상이었다면, 이때 제비꽃이라는 인상은 나의 의미의 자연적 상징이다. 하지만 우리가 시선을 다른 데로 돌리면 제비꽃 인상은 금세 사라지고 만다. 우리는 언어기호를 통해 순간적인 인상에 이름을 부여함으로써, 이 '제비꽃'은 이제 다른 인상과 구별되는 고정적인 인위적 상징이 된다.

---

9 Felix Alexander Herzog, *Der Geist der Technik. Eine kritische Phänomenologie der Technik*, Dissertation, Hamburg, 2017, p. 27 참조.

10 *Ibid.*, 같은 곳.

하지만 언어기호체계가 마련되면, 이 '제비꽃'이라는 이름은 단순히 우리에게 주어진 제비꽃 인상에 대응하는 것이 아니다. 이 이름은 이름들의 체계, 즉 언어체계 속에서 자신의 위치를 차지하며, 이 구조 속에서 다른 이름들과의 차이를 통해 자신의 의미를 획득한다. 그래서 우리가 인상에 이름을 부여한다는 것은 주어진 인상을 단순히 지칭하는 게 아니라 인상에 새로운 정신적 내용을 부여하는 것이다.[11] 왜냐하면 우리에겐 이름들의 체계가 있으며, 이 체계로부터 각 이름은 자신의 의미를 부여받기 때문이다. 우리가 인상을 이름으로 지칭할 때 인상은 새로운 의미를 획득한다. 이름을 부여하기 전 인상은 의미는 있지만 금세 사라지는 것에 불과하다.

우리의 의식에는 수많은 인상이 존재한다. 이 인상에 인간은 다양한 상징적 기호를 부여함으로써 직접적으로 존재하는 대상이 아니라 상징적 기호를 통해 만들어진 대상을 머릿속에 가지게 된다. 이 상징적 기호의 "내적 형식"은 "모방적, 유비적, 그리고 순수 상징적"이라는 "구성도식"으로 이루어진다.[12] 모방적인 상징이 있는가 하면, 유비적인 상징도 존재하며, 순수 상징적인 상징도 존재한다. 모방적인 상징은 주어진 인상에 더 가깝지만, 순수한 상징은 인상으로부터 완전히 벗어나 인간이 스스로 창조한 기호체계다.[13] 이처럼 우리는 현실을 있는 그대로 받아들이는 것이 아니라 스스로 형

---

11 Ernst Cassirer, 『상징적 형식의 철학. 제1권: 언어』, 52~53쪽.

12 Felix Alexander Herzog, *Der Geist der Technik. Eine kritische Phänomenologie der Technik*, 33쪽.

13 헤어초크는 이러한 "구성도식"과 더불어 "표현, 서술, 순수 의미"라는 "방향지향 도식"(Orientierungsschema)을 추가하면서 이러한 이중적 도식에 따라 "정신의 분화하는 형식론"으로서 카시러의 철학을 "비판적 현상학"이라 부른다(*Ibid.*, p. 47).

성한 다양한 상징적 형식들, 즉 신화, 예술, 언어, 과학, 기술을 통해 현실을 "주조"한다.[14] 카시러에 따르면 우리는 다양한 상징적 형식의 체계를 가지고 있으며, 이 체계를 통해 대상 세계를 구성한다. 그래서 우리가 이 체계를 가지고 파악하는 사물은 직접적으로 주어진 사물 자체가 아니라 이 체계를 통해 이름이나 그림이 부여된 창조한 사물이다. 즉 사물은 직접적인 사물이 아니라 우리의 정신적 활동이 이루어지는 틀인 상징적 형식에 의해 구성된 사물이다.

이 점에서 카시러는 전통적인 진리대응설을 비판한다. 진리대응설에 따르면 개념과 사물의 일치가 진리이다. 즉 바깥의 사실을 있는 그대로 진술하면 이 명제는 진리다. 하지만 카시러가 볼 때 직접적으로 존재하는 사물이나 사실은 존재하지 않는다. 모든 사물과 사실은 우리의 상징적 형식을 통해 매개되고 구성된 것이다. 날것의 사실은 존재하지 않는다. '물자체'는 존재하지 않는다. 날것의 사물이 우리에게 준 인상 중 의미 있는 것만이 주목의 대상이 되며, 이 대상이 주는 특정한 의미를 인간은 자신이 창조한 상징을 통해 다시 표현한다. 이때 상징은 앞에서 언급한 "구성도식"처럼 주어진 인상으로부터 계속 멀어져 인간 스스로가 창조한 순수한 기호체계로 나아간다. 우리는 이처럼 상징적 형식을 통해서만 세계와 관계 맺는다. 더 정확히 말하자면 세계는 오로지 상징적 형식을 통해서만 구성된 것으로 존재한다.

우리 의식 속에 존재하는 인상은 우리에게 의미 있는 것으로서

14 Ernst Cassirer, 『상징적 형식의 철학. 제1권: 언어』, 94쪽.

정신적인 의미 내용이라 할 수 있다. 그것은 그 자체로는 순간적으로만 머물며, 상징적 형식을 통해서 재구성됨으로써 비로소 고정된 의미를 획득한다. "상징적 형식"이란 "정신의 에너지"로서, "이를 통해 어떤 정신적 의미 내용은 구체적인 감각적 기호와 연결되고, 이 기호에 내적으로 속하게 된다".[15] 이 상징적 형식들에는 언어, 신화, 종교, 예술, 기술이 속한다.

　이들 형식은 인간 정신이 창조한 것이다. 각 형식은 우리가 세계와 관계 맺을 때 매개 역할을 담당한다. 우리의 세계는 주어져 있는 것이 아니라 상징적 형식들을 통해 구성되고 창조된다. 우리는 언어, 기술, 종교 등의 상징적 형식들을 정신의 노동을 통해 창조한다. 그리고 이러한 상징적 체계들을 통해 우리 자신만의 세계를 구성하고 창조한다. 그래서 우리가 보고 있는 세계는 그 자체가 아니라 항상 상징적 체계에 의해 구성된 세계다.

문화의 체계학

이 상징적 형식들은 인간 정신 활동의 결과물이라 할 수 있다. 모든 형식이 정신의 공통적인 원칙에 기초하고 있지만, 각기 자신만의 특수한 형식을 지닌다. 모두가 상징적 형식이라는 점에서 공통적이고, 정신은 상징을 창조하는 기능을 수행한다. 인간이 역사 속에서 이룩해 낸 성취, 즉 언어, 예술, 신화, 종교, 과학, 정치, 기술 등은

---

15 Ernst Cassirer, "Der Begriff der symbolischen Form im Aufbau der Geisteswissenschaften", *Wesen und Wirkung des Symbolbegriffs*, Darmstadt, 1983, p. 175.

인간의 정신적 에너지가 상징을 통해 자신을 표현하는 기능을 통해 구성한 것으로서 '정신'이라는 하나의 통일점으로부터 나오며, 그래서 모든 성취는 "하나의 유기적 전체"를 형성하게 된다.[16] 여기서 유기적 전체는 문화를 "구성하는 갖가지 요소의 동질성을 전제로 하지는 않는다"는 것을 의미한다. "그것은 그 구성 부분의 다양성과 다형성을 용인할 뿐만 아니라 나아가 요구하기까지 한다. 이는 그것이 변증법적 통일이요, 반대물들의 공존이기 때문이다."[17] 각자는 자신만의 특수한 원칙을 지닌다. 그래서 카시러는 "상징적 형식들의 보편적인 체계학"을 구축하려 한다.[18] 공통적인 원칙과 특수한 원칙이 있기에 이로부터 체계적인 문화철학을 설계할 수 있다.

인간은 몇 가지 능력을 지닌 존재로 있는 것이 아니라 끊임없이 상징을 통해 자기를 표현하는 정신적 활동성이다. 이 점에서 카시러는 칸트와 구별된다. 칸트는 인식 비판을 통해 인식능력을 인간의 인식 활동의 가능 근거로 제시한다. 하지만 카시러는 인간에게서 상징을 창조하는 활동성만을 본다. 이러한 활동성은 계속 변화하는 문화로 드러난다. 문화 비판이란 문화의 가능 근거로서 칸트처럼 인간의 분절화되고 고정된 능력을 제시하는 것이 아니라 오히려 상징을 통해 표현하고 계속 변화하는 정신적 활동성만을 제시한다. "정신의 진정한 전체성, 구체적인 전체성은 처음부터 하나의 단순한 정식(Formel) 내에서 제시되지 않으며 완결된 것으로 주어지지도 않는

---

16 Ernst Cassirer, 『인간이란 무엇인가』, 최명관 옮김, 창, 2008, 126쪽.
17 같은 책, 381쪽.
18 Ernst Cassirer, "Der Begriff der symbolischen Form im Aufbau der Geisteswissenschaften", p. 174.

다. 비판적 분석 자체가 끊임없이 진전해 가면서 비로소 정신의 전체성이 개진되며 발견된다."[19]

문화를 통한 자기 인식

인간의 정신은 상징적 형식들로 객관화된다. 이 상징적 형식들이 바로 문화다. 문화를 창조하면서 인간의 정신은 객관적인 형태를 얻게 된다. 문화를 통해 당연히 인간은 자기를 인식하게 된다. 왜냐하면 문화, 즉 상징적 형식들은 인간 정신이 객관화된 것이기 때문이다. 물론 문화는 정체되지 않고 끊임없이 자기를 개선한다. 왜냐하면 상징적 형식은 그냥 가만히 존재하는 게 아니라 인간이 끊임없이 사용함으로써만 그 의의가 있기 때문이다. 상징적 형식은 각 개인이 태어나기 전에 이미 존재한다는 점에서 인간을 지배하는 것처럼 보인다. 하지만 이러한 상징적 형식은 각 개인의 사용에 철저히 의존한다. 인간이 사용해야만 형식은 형식으로서 기능하기 때문이다. 예를 들어 언어나 기술과 같은 상징적 형식은 인간이 사용하는 한에서만 기능한다. 하지만 이러한 사용은 매번 같은 상황에서 이루어지지 않으며, 그래서 같은 결과를 낳지 않는다. 각 개인이 언어나 기술을 저마다의 방식으로 사용하며, 이때 그 사용 목적은 제각기 다를 수 있다. 이러한 사용의 다양성은 다시금 상징적 형식에 영향을 미친다. 상징적 형식이 구성하는 세계는 인간이 이 형식을 사용할 때

---

19 Ernst Cassirer, 『상징적 형식의 철학. 제1권: 언어』, 34~35쪽.

에만 현상한다. 인간이 상징적 형식을 사용함으로써 이를 통해 특정한 세계가 구성된다. 하지만 사용이 제각기 다르다면, 즉 상징직 형식에 대한 해석이 서로 다르다면, 그래서 예를 들어 스마트폰을 누구는 통화 목적에, 누구는 게임 목적에, 누구는 검색 목적에 집중하여 사용한다면, 스마트폰이 구성하는 세계는 달라지기 마련이다. 이러한 상징적 형식에 대한 개별자의 해석은 다시금 상징적 형식의 변화를 끌어낸다. 그래서 문화는 정체된 것이 아니라 계속 변화하기 마련이며, 이것은 일정한 방향을 지닌다.

상징적 형식 또는 문화 이론에서 중요한 것은 각 문화 영역이 하나이자 동일한 정신의 객관화 형식이라는 점, 즉 모든 영역에는 공통점이 존재한다는 점이다. 또한 각 영역은 동시에 자신만의 자립적인 원칙을 가진다. 그런데 각 영역의 자율성이 파괴되기 시작하면, 다시 말해 어떤 한 영역이 문화 전체 속에서 자신의 자리를 유지하는 것이 아니라 자신을 문화 전체로 파악하려 할 때 "문화의 갈등과 문화 개념의 이율배반"이 생겨난다.[20] 여기서 각 영역의 자율성은 칸트의 영역 구분과 구별해야 한다. 칸트는 진리, 선, 미의 영역을 철저히 구별하면서 분리한다. 물론 미는 진리와 선을 매개하는 기능으로도 해석되지만, 그럼에도 칸트는 세 영역의 자율성을 확보하고자 한다. 카시러는 이러한 가치 중립성을 부정한다. 각 영역은 서로 구분되면서도 또한 대립과 협력의 관계를 맺는다. 각 영역의 경계는 단순히 정적인 것이 아니라 매우 역동적인 것이며, 각 영역은 서로

20 같은 책, 39~40쪽.

끊임없이 영향을 주고받는다. 그래서 각 상징적 형식은 서로 적절한 관계를 맺어야 한다. 이러한 관계 맺기에 실패하면 문화의 갈등이 발생한다. 이 갈등은 각 영역이 "자리하는 위치"를 정확하게 알려 줄 뿐 아니라 서로 간의 적절한 관계를 조정하는 것으로 해결할 수 있다.

2장

카시러의 기술철학 논문 읽기

기술과 카시러

카시러는 1923년부터 1929년까지 세 권의 『상징적 형식의 철학』을 완성했지만, 자신의 문화철학 전체를 서술한 건 아니었다. 카시러는 1권에서 언어, 2권에서는 신화, 3권에서는 과학적 인식을 다뤘지만, 아직 다루지 않은 상징적 형식이 많이 남아 있었다. 영미의 독자를 위해 자신의 『상징적 형식의 철학』을 요약해서 쓴 『인간이란 무엇인가』(1944)에서 카시러는 종교, 예술, 역사를 추가로 다룬다. 이책에서는 정작 1930년에 발표한 논문인 「형식과 기술」에서 다룬 '기술'은 제외시켰다. 하지만 분명히 이 논문에서 카시러는 기술을 당당히 상징적 형식의 하나로 서술하고 있다. 이미 논문 제목 자체가 기술이 하나의 '형식'임을 시사하고 있다. 1925년에 카시러는 『언어와 신화』에서 상징적 형식을 두 갈래로 나눈다. "문화가 하는 모든 작업은 기술적 혹은 순수 정신적인 방향을 가지는데, 이 작업은 인간이 사물과 직접적인 관계를 맺는 대신 점점 더 매개적인 관계를 맺는 방향으로 나아간다."[1] 즉 문화에는 기술적 방향과 정신적 방향이 있는데, 이 두 갈래는 「형식과 기술」에서 '기술'과 '언어'로 다시 정식화된다. 1925년에 상징적 형식을 크게 두 가지로 분류한 것은 새로운 시도였고, 이를 1930년 기술철학 논문에서 이어 갔으나, 이후 카시러는 이 구분을 다시는 인용하지 않는다. 1944년에 발표한 영어로 집필한 『인간이란 무엇인가』를 보면 각 상징적 형식을 나열하는 데 그친다. 이는 느슨한 체계학으로서 각 형식은 서로 평행선을 달린다. 카시러는 헤겔처럼 각 영역을 위계질서로 묶는 것에 반대한다. 하지만 적어도 1925년 『언어와 신화』에서는 이러한 느슨한 체계학이 아니라 상징적 형식을 두 가지 갈래로 나눴고, 1930년 「형식과 기술」에서 이를 발전시켰다. 「형식과 기술」에서 상징적 형식을 하나는 현실을 파악하는 형식, 다른 하나는 현실에 작용하는 형식으로 구분하고, 전자에 언어, 후자에 기술을 넣는다. 카시러는 상징적 형식을 어떻게 분류할 것인가라는 문제에 대해 매우 조심스러운 태도를 지녔다. 왜냐하면 만약 상징적 형식을 두 종류로 구분하게 되면, 이는 나열하는 식의 체계학이 아닌 커다란 구분을 기초로 하는 체계학이 되기 때문이다. 이렇게 되면 느슨한 체계학이 불가능하게 된다. 느슨한 체계학과 분류적 체계학에서 카시러는 고민하다가 끝내 전자를 택한 것으로 보인다.

---

1 Ernst Cassirer, *Sprache und Mythos*, Leipzig, B. G. Teubner, 1925, pp. 48~49.

심지어 카시러는 「형식과 기술」을 작성한 이후 이 논문에서 어떤 인용도 하지 않았다.[2] 그래서 과연 카시러가 진지하게 기술을 상징적 형식의 하나로 보고 있는지에 대해 의문이 제기되었다. 그래서 기술은 단순히 "하나의 부가 사항"에 불과한 것처럼 보인다.[3] 하지만 대체적으로 카시러의 기술철학은 그의 문화철학의 일부로 인정되고 있다.[4]

「형식과 기술」은 레오 케스텐베르크(Leo Kestenberg)가 편집한 책인 『예술과 기술』의 서론 격을 맡고 있다.[5] 카시러의 글이 기술에 대한 이론적 바탕을 제공한다면, 나머지 글은 이에 대한 실제 사례를 다룬다. 하지만 이 책은 매우 적은 부수만 인쇄되어, 학계에서 이 논문이 주목을 끌기는 매우 힘들었다. 더군다나 1933년 12월에 히틀러가 독일 총리로 지명되고, 유대인인 케스텐베르크는 도망칠 수밖에 없었고, 더군다나 "예술과 기술"은 나치 정권의 관심사항이었다.[6] 카시러도 이 논문을 발표한 후 이에 거의 주목하지 않았다.

하지만 이 논문은 카시러의 기술철학 전반을 간결하지만 매우 정확하게 전달하고 있다. 그의 상징적 형식의 철학 용어를 그대로

---

2 Ernst Wolfgang Orth, "Vorwort", in: Ernst Cassirer, *Symbol, Technik, Sprache*, hrsg. von Ernst Wolfgang Orth und John Michael Krois unter Mitwirkung von Josef M. Werle, Hamburg, Meiner, 1995, p. VII.

3 Ingvild Folkvord and Aud Sissel Hoel, *Ernst Cassirer on Form and Technology: Contemporary Readings*, Palgrave Macmillan, 2012, p. 5.

4 Felix Alexander Herzog, *Der Geist der Technik. Eine kritische Phänomenologie der Technik*, Dissertation, Hamburg, 2017.

5 Leo Kestenberg(Hrsg.), *Kunst und Technik*, Berlin, Volksverband der Bücherfreunde, 1930.

6 John Michael Krois, "The age of complete mechanization", in *Ernst Cassirer on Form and Technology: Contemporary Readings*, p. 59.

사용하면서 다른 상징적 형식과의 공통점과 차이점을 잘 드러낸다. 이 글은 크게 네 부분으로 이루어져 있으며 각 부분의 내용은 다음처럼 구성되어 있다.

1. 기술에 대한 철학적 물음은 무엇인가?
2. 도구와 언어: 기술적 창조가 객관 세계를 지배하고 형성했다.
3. 기술적 창조는 인간을 점점 더 예속시키고 있는 것처럼 보인다.
4. 문화의 한 부문으로서 특수한 기술의 문제

1장에서는 기술을 철학적 탐구의 대상으로 삼는다는 것의 의미를 논구한다. 카시러는 이 의미를 기술을 상징적 형식의 하나로 보는 것에 있다고 주장하며, 기술을 철학적 대상으로 다룬다는 것은 우리가 기술에 예속된 것처럼 보이지만 사실은 그렇지 않으며, 기술로부터 우리 정신이 자유롭다는 것을 증명한다고 주장한다. 2장에서는 세계를 장악하는 상징적 형식인 언어와 도구를 비교함으로써 기술이 객관 세계를 구축한다는 점을 강조한다. 3장에서는 객관 세계를 구축한 기술이 점점 더 인간을 기술의 부품으로 만들고 있는 현상을 진단한다. 여기서 카시러는 상징적 형식 일반, 즉 문화 자체가 인간 정신의 객관화된 형식으로서 인간을 소외시키는 것처럼 보인다고 진단한다. 하지만 인간은 문화의 비극에서 벗어나 문화를 자유의 실현으로 끌어 나갈 수 있는 자유를 지니며, 그래서 이러한 소외 현상을 극복할 수 있다. 4장에서는 기술이 상징적 형식의 하나로서 문화 일반의 체계 속에서 자기 자리를 잘 차지해야 하는데, 여기서 벗어나 다른 형식과 섞일 때 발생하는 갈등을 다루고 있다. 우리가 기술의 문제라고 생각하는 게 사실은 이러한 문화적 갈등에 지나지 않음을 확인할 수 있다는 게 카시러의 생각이다. 이제부터는 이 논문의 내용을 자세히 읽고자 한다.

1. 기술에 대한 철학적 물음

현재의 기술과 기술에 대한 철학적 반성

카시러에 따르면 기술은 어떤 하나의 실체가 아니라 일정한 기능을 수행하는 형식이다. 여기서 이 기능은 오로지 사용자의 사용을 통해서 발현된다. 각 사용자는 자신만의 방식으로 기술이라는 형식을 사용하기 때문에, 기술은 다양한 방식으로 기능하며, 이 기능에 따라 기술이라는 상징적 형식은 다양한 기술 개념을 낳게 된다. 대강의 내용을 미리 밝히자면, 기술은 제작자, 기술적 도구, 그리고 사용자로 구성된다. 제작하는 활동이 있으며, 사용하는 활동도 있다. 또한 사용을 통해 세계에 작용하는 기술적 도구 또한 존재한다. 기술은 이처럼 여러 가지 차원을 자체 내에 포함한다.

상징적 형식 일반은 정신적 에너지가 자신을 실현하는 통로다. 이때 에너지는 여러 방향을 가지는데, 그 각각을 통해 다양한 상징적 형식이 창조된다. 여기서 카시러가 일차적으로 주목하는 것은 결과로서 산출된 상징적 형식이 아니라 이 상징적 형식 일반이 항상 정신적 에너지에 의해 형성되고 변형되는 활동성에 있다. 정신은 자신을 의미와 기호, 형식과 질료, 통일과 다양 등으로 이중화하며, 이러한 이중화된 양극을 통일시키는 활동성이다. 이 정신의 에너지는 다양한 방향으로 실현되어 제각기 다른 상징적 형식을 창조하며, 정신은 이러한 양극을 통일하는 활동성이다. 그런데 정신이 창조하는 측면, 즉 정신의 활동성 측면을 도외시하고, 단순히 상징적 형식 그리고 그것이 구성하는 세계라는 결과만을 주목하게 되면, 상징적 형식은 한편으로는 기호, 다른 한편으로는 의미 내용이라는 양극으로 나뉘어 있다.

'과학적 인식'이라는 상징적 형식의 경우만 한정해서 본다면, 대상은 인식적 관계 "밖에서도 자립적인 어떤 것으로 존재하고 주어져 있을 것"이라는 인상을 불러일으키고, 인식은 이에 맞서 있는 것처럼 보인다.[7] 이는 과학적 인식이라는 상징적 형식이 정신의 근원적인 에너지의 실현이라는 측면을 간과한 것이다. 정신적 에너지는 자신을 한편으로는 기호적 개념 체계로, 다른 한편으로는 이를 통해 구성된 세계로 나눌 뿐 아니라 이를 근원적으로 통일하는 활동성이다. '기술'이라는 상징적 형식만 본다면, 이는 이중적이다. 한편으로 제작자의 아이디어와 이를 위한 자연적 소재로 나뉘어 있다. 제작자는 자기 앞에 가공되지 않은 자연 소재와 마주 서 있다. 그러면서 자신은 소재를 가공하여 만들 기술적 형식을 기획한다. 제작자는 자연물을 그대로 두지 않고, 자신이 기획한 아이디어, 즉 이념에 맞게 그것을 가공하며, 이것이 자연물을 더 낫게 만드는 것이라고 확신한다. 제작자가 기술적 도구를 제작하게 되면, 이제 도구라

---

7 Ernst Cassirer, 『상징적 형식의 철학. 제1권: 언어』, 37쪽.

는 형식은 사용자의 사용을 통해 앞에 놓여 있는 세계에 작용하게 된다. 기술적 도구는 세계에 작용함으로써 세계를 변화시킨다. 제작자의 관점에서 아이디어와 자연적 소재, 사용자의 관점에서 기술적 도구와 세계가 양극으로 놓여 있다. 이 모두를 카시러는 "기술적 형태화"라 부른다. 그런데 이러한 기술의 양극은 정신적 에너지의 근원적인 이중화 및 통일화 활동을 전제하고 있다. 이처럼 정신의 에너지가 형태화된 상징적 형식은 정신의 구성 작용에 의해 형성된다. 이러한 정신의 능동적인 활동성에 주목할 때, 우리는 기술 제작 및 제작품의 본질을 파악할 수 있다.

하지만 대체로 우리는 상징적 형식을 대하면서 이러한 정신의 근원적인 활동성에 주목하지 못하고 이 형식만을 다룬다. 이 형식은 당연히 제작자 관점에서는 자신 앞에 주어진 질료에 맞서 있고, 사용자 관점에서는 세계와 맞닿아 있다. 우리가 이러한 측면, 즉 정신의 상징화 활동의 '결과'에만 주목한다면, 기술은 현대 문화의 모든 부문을 통틀어 가장 강력한 성취를 보여 준다. 기술은 다른 모든 문화 부문을 압도할 정도로 자연을 밀어내어 거대한 인공세계를 형성했다. 과학적 인식, 종교, 정치 등의 상징적 형식 또한 우리에게 인공적인 세계를 제공하고 있지만, 기술은 모든 부문을 압도하고 있다. 기술이 침투하지 않은 문화 부문은 없다. 그래서 현재적인 문화에서 기술의 영향력은 매우 강력할 뿐 아니라 기술은 문화의 모든 분야를 지배하고 있는 것처럼 보인다. 현재 기술은 종교를 바꾸고, 과학적 연구 방식을 바꾸고, 우리의 삶의 형식과 윤리적 형식을 바꾸고 있다. 기술과의 연계가 없는 곳은 현대세계에 존재하지 않는다. 그리고 이러한 기술의 지배는 "현대 문화가 지향하는 유일한 목적이자 이 문화의 멈출 수 없는 운명"인 것처럼 보인다(39/11).[8] 즉 기술적 지배라는 "사물의 진행"은 그대로 이어지고 이를 막을 방법은 없는 것처럼 보인다. 이는 1900년대 초반과 중후반에 유행하던 '기술지배체제'(Technocracy) 이론이며, 카시러는 이 이론을 매우 비판적으로 수용한다. 기술이 지배하면서 인간은 기술의 부품에 지나지 않으며 기술의 지배에 그대로 순응하고 있는 것처럼 보인다. 그렇다면 이런 상황에서 인간은 무엇을 할 수 있을까? 만약 이런 게 "운명"이라면 인간이 할 수 있는 건 없지 않은가?

하지만 카시러는 이러한 기술의 지배를 운명이라고 생각하지 않는다. 말하자면 인간의 정신은 기술에 의해 지배당하는 상태에 머물기를 원치 않는다. 왜냐하면 정신은 자유로워지고자 하기 때문이다. 여기서 카시러는 윤리 정치적인 영역에서의 자유만 이야기하는 게 아니라 정신 자체의 자유를 이야기하고 있다.[9] 정신은 기본적으로 자신의 외부에 있는 무엇에 의해 일방적으로 한정되는 것을 참아 내지 못한다. 이는 앞에서 살펴보았듯 정신의 근원적인 활동성 때문이다. 오히려 정신은 '인식'의 예처럼 인식과 대상으로 자신을 이중화한다. 그래서 정신 바깥의 대상은 없다. 인식의 대상은 인식하는 주관의 관점에서 보면 자신의 한계인 것처럼 보인다. 하지만 우리가 정신의 근원적 활동성, 즉 자신을 이중화하고, 양극을 다시 통일하는 활동성에 주목한다면, 이러한 인식의 한계는 더 이상 한계

---

8 이하 번역의 인용은 원서 쪽수와 번역문 쪽수(이 책 해당 쪽수)를 괄호 안에 기입했다.
9 Birgit Recki, *Kultur als Praxis, Eine Einführung in Ernst Cassirers Philosophie der symbolischen Formen*, Berlin, Akademie Verlag GmbH, 2004, pp. 189~192.

가 아니다. 물론 이런 맥락에서 항상 '물자체' 문제가 등장하지만, 이는 카시러가 보기에 인간의 범위를 넘어선다. 인간은 정신의 활동성 바깥으로 나아갈 수 없고, 그래서 바깥에 무엇이 있는지 알 수조차 없다. 다만 정신의 활동성이 바로 인간의 우주 전체이며, 인간은 이 활동성을 통해 대상을 만나는 주체로 존재한다. 그래서 정신의 자유는 자기 바깥에 아무것도 없다는 것을 의미한다. 즉 정신은 대상을 스스로 구성하며 결코 자기 바깥의 그 무엇도 허용하지 않는다.

그런데 현재적인 문화에서 보면 기술이 문화의 모든 부문을 지배하고 있는 것처럼 보이며, 인간 또한 기술에 의해 규정된 삶을 사는 것처럼 보인다. 이처럼 기술이 지배하는 문화에서 인간 정신은 자신의 자유를 확인하고자 한다. 곧 기술이 문화의 한 부문이라면 이는 정신의 근원적인 활동적 에너지의 형태화이며, 기술에 의한 인간 지배는 가상적인 것에 지나지 않게 된다. 자유롭기 위해 정신은 기술을 자신의 반성 대상으로 삼는다.

어떤 것을 철학적 반성의 대상으로 삼으려면 우선 그것과의 거리두기를 해야 한다. 인간이 단순히 기술에 종속된 상황에 있다면, 기술을 하나의 반성 대상으로 삼을 수 없다. 인간이 기술에 대한 반성을 시작한다는 것은 기술과 거리를 두기로 했다는 것이다. 카시러는 이 지점에서 1877년 에른스트 카프(Ernst Kapp)의 『기술철학 개요』로부터 시작된 기술에 대한 담론을 거론한다. 이 담론장에서 카프, 막스 아이트, 프리드리히 데사우어(Friedrich Dessauer), 에버하르트 치머 등이 이미 기술에 대한 여러 이론을 개진했다. 즉 기술에 대한 반성은 이미 시작된 것이고, 이는 하나의 역사적 사실로 놓여 있다. 이는 곧 인간이 기술에 단순히 종속된 것이 아니라 기술과의 거리두기를 시작했음을 의미한다.

특히 현대는 기술을 사유로 파악해야 할 때이기도 하다. 철학은 자신의 시대를 생각 또는 사유로 파악하는 활동이다. 역사는 수많은 단계를 통해 구성되고, 각 단계는 하나의 과정을 통해 마무리된다. 철학의 사유 활동이 현실의 한 과정을 파악하려면, 먼저 이 과정이 마무리되어 있어야 한다. 하나의 과정이 아직 마무리되지 못했을 때 철학이 현실을 파악하려 한다면, 이는 실패할 수밖에 없다. 카시러는 헤겔의 『법철학』의 유명한 문장 "미네르바의 부엉이는 황혼이 깃들 무렵에야 비로소 날갯짓을 시작한다"를 인용한다.[10] 이 문장을 통해 헤겔은 철학이 바람직한 미래를 보여 주는 것이 아니라 한 시대의 과정이 완결된 것을 그대로 보여 주는 역할을 담당한다고 말한다. 말하자면 현실을 넘어서는 이상을 보여 주는 것이 아니라 회색의 현실을 회색의 현실 그대로 보여 주는 것이 철학의 역할이라는 것이다. 왜 현실이 지금처럼 되었는지, 왜 이렇게밖에 될 수 없었는지, 달리 될 수는 없었는지를 철학은 개념을 통해 보여 준다. 즉 현실을 그대로 기술하는 것이 아니라 지금 현실이 필연적임을 개념을 통해 보여 준다. 카시러가 보기에 기술의 발전과정은 어느 정도 마무리된 것으로 보인다. 기술은 우리 문화의 전 분야를 장악한 것처럼 보이고, 기술의 발전은 앞으로도 계속 이루어지겠지만, 이는 기술의 현재 상태의 연장에 불과하다. 기술은 문화의 한 부문에 불과하지만, 이미 문화 전체에 영향력을 행사하기 시작했다. 이 점에서

---

10 G. W. F. Hegel, 『법철학(베를린, 1921년)』, 서정혁 옮김, 지식을만드는지식, 2020, 68쪽.

기술의 발전과정은 형식적으로 어느 정도 마무리된 것으로 보인다.

언급했듯 현실에 대한 철학적 파악은 단순히 현실을 있는 그대로 기술하는 것이 아니다. 현실을 있는 그대로 기술한다는 것은 현실이 단순히 앞에 주어진 것이고, 그에 반해 이를 관찰하는 나는 현실과 거리를 둔 채 현실과 맞서 있는 것으로 설정하는 것이다. 하지만 앞에서 '과학적 인식'이라는 상징적 형식의 사례를 통해 언급했듯, 이는 상징적 형식에 대한 몰이해다. 오히려 현실과 이를 관찰하는 나는 정신적 에너지의 형태화 활동에 있는 양극단이며, 이 둘을 통일하는 것이 바로 정신의 근원적인 활동성이다. 철학이 현실을 기술한다는 것은 단순히 기술하는 나에 맞서 있는 현실을 있는 그대로 묘사하고 이를 생각으로 옮겨 놓는 것이 아니라 '현실'과 '이를 기술하는 나'를 하나의 '통일' 속에서 서술하는 것이다. 곧 현실이 정신의 자기 구성물임을 파악하는 것이 그 목적이다.

기술(Technik)을 하나의 상징적 형식으로 파악한다는 것은 기술을 정신적 에너지의 형태화로 보는 것이고, 이는 기술의 작용(Wirken), 즉 기술이 세계에 가하는 작용을 다른 방식으로 보는 것이다. 겉으로 보기에 기술은 인간 및 세계를 지배하고 있는 것처럼 보인다. 하지만 기술을 상징적 형식의 하나라고 파악한다면, 기술은 정신적 에너지의 형태화이며, 이 형태화는 두 가지 극으로 구성된다. 제작자의 관점에서 한편에는 제작자의 이념이, 다른 한편에는 자연물이 있으며, 사용자의 관점에서 한편에는 기술적 도구가, 다른 한편에는 작품이 작용하는 대상이 있다. 이 대상에는 인간을 포함한 전체 세계가 해당한다. 기술이 정신적 에너지의 형태화라는 측면을 삭제해 버린다면, 우리에게 남는 것은 기술이 자연을 소재화한다는 것과 완성된 기술적 도구가 세계에 작용하는 측면이다. 기술은 대상에 긍정적으로든 부정적으로든 작용한다. 예를 들면 기술은 인간의 생존 조건을 좋게 만들었으며, 또는 우리를 지배한다. 하지만 기술에 대한 이러한 피상적인 파악을 넘어 기술을 상징적 형식의 하나로 파악하게 된다면, 즉 기술에 대한 철학적 반성을 시작한다면, 기술과 그 작용 대상은 정신적 에너지의 형태화의 두 극단으로 나타나게 된다. 그렇다면 기술과 그 작용 대상은 정신의 근원적으로 통일시키는 활동성 안에 있다. 이러한 인식의 전환은 어떤 결과를 가져올까? 이 점을 밝히는 것이 바로 카시러의 기술철학의 핵심이다. 기술에 대한 철학적 반성을 통해 "작용(Wirken)의 새로운 힘이 나온다". 즉 "작용"은 더 이상 우리와 동떨어진 기술적 도구가 우리에게 가하는 것이 아니다. 이는 정신의 형태화 활동성 안에서 이루어지는 것이고, 바로 정신의 이중화, 정신의 자기 관계의 한 측면이다. 그래서 기술에 대한 철학적 반성을 통해 정신은 "자신으로 돌아온다". 기술을 고찰한다는 것은 사물 세계 속으로 나아가는 것처럼 보이지만, 이러한 나아감은 자기 자신으로 돌아옴이다. 결국 기술을 파악한다는 것은 정신의 자기 인식, 즉 정신이 자신의 형태화 활동성을 파악한다는 것이다. 기술을 철학적으로 반성함으로써 정신은 외부로 나아가는 것처럼 보이지만, 사실상 자기 자신으로 되돌아간다.

「형식과 기술」을 발표했을 무렵 카시러가 보기에 기술적 반성은 아직 초보 단계에 머문 것처럼 보인다. 그리고 아직 기술을 상징적 형식의 하나로 파악하지 못한 상태다. 사유는 기술을 제대로 파악하지 못했고, 오히려 기술의 영향력이 학문을 장악하고 있다. 기술은 인간을 포함한 문화의 모든 부문에 작용하면서 자신의 흔적을 각인시키고 있다. 이 결과로 학문의 성격 변화가 이루어지고 있다. 기술과 관련된 공학 등 실용적 학문과 실용주의가 대두되고 있다. 이론보다는 실천이 중시되고, 모든 것이 "유용성"의 기준에 따라 판단된다.

원래 이론과 실천의 전통적 관계는 이론 우위였다. 하지만 현재 기술과 사유의 관계를 보면 기술이 지배적이고, 이론과 실천의 전통적 관계는 역전되었다고 볼 수 있다. 실용주의 철학은 어떤 것을 그 쓸모에 따라 규정한다. 예를 들어 기술이란 우리의 삶을 풍요롭게 한다. 종교는 우리의 마음을 안정시키는 역할을 하며, 예술은 우리에게 기쁨을 준다. 카시러는 실용주의 철학을 기술의 결과로 간주한다. 말하자면 기술이 철학에 침투해서 탄생한 게 실용주의 철학이다. 이에 따르면 어떤 것의 쓸모가 그것의 존재 의미다.

실용주의 철학은 기술이 철학에 미친 일방적인 작용의 결과에 불과하다. 이러한 실용주의는 기술의 유용성만을 이야기한다. 실증주의의 반대편에는 베르그송의 생 철학이 있으며, 이는 실용주의적 경향에 맞서 오로지 "순수자아와 순수지속이라는 절대적인 것"만을 직관하려 한다.[11] 이러한 생 철학에 따르면 자연과학의 객관적 인식을 부정하는 방식을 통해서만 순수한 자기 직관에 도달할 수 있으며, 이 점에서 생 철학은 "'인위적' 추상"에 속한다.[12] 객관적인 사물세계에 완전히 등지고, 오로지 "절대적인 고독과 내면" 속으로 침잠

---

11 Ernst Cassirer, 『상징적 형식의 철학. 제3권: 인식의 현상학』, 박찬국 옮김, 아카넷, 2019, 85쪽.
12 같은 책, 90쪽.

함으로써 생 철학은 기술의 영향력에 대항하고자 한다. 실용주의가 철학이 기술에 의해 점거당한 결과라고 한다면, 생 철학은 이러한 항복에 저항하는 또 다른 극단에 불과하며, 그래서 이는 기술이 철학에 영향을 준 간접적 결과물이라 할 수 있다.

기술이 철학에 영향을 끼쳤다는 것은 기술과 철학이 어떤 방식으로든 '연결'되었다는 것을 의미한다. 하지만 기술과 철학이 단순히 연결되었다고 해도, 이는 기술과 철학의 "통일"이 아니다. 이 "연결"은 기술과 그 대상 간의 관계에서 가능하며, 이러한 틀에서는 둘 간의 통일이 가능하지 않다. 오히려 기술을 정신적 에너지의 형태화란 관점에서 파악할 때 비로소 기술과 철학의 "통일"이 파악되며, 이것이 바로 기술에 대한 철학적 파악이다.

기술에 대한 철학적 파악

이미 논의했듯, 기술을 철학적으로 파악한다는 것은 기술이라는 사물이 대상에 어떻게 작용하는지를 파악하는 것이 아니라 사물과 그 작용 관계가 정신적 에너지의 형태화의 한 종류라는 것, 즉 그것이 상징적 형식이라는 것을 파악하는 것이다. 여기서 카시러는 칸트의 사실 물음과 권리 물음 구별 논의를 가져오는데, 이는 그의 상징적 형식의 철학 전반을 지배한다. 사실 물음이란 '사실이란 무엇인가'이다. 권리 물음은 '어떻게 이 사실이 있을 수 있는가'이다. 예를 들어 기술은 존재한다. 그리고 이는 사실이다. 기술은 이러저러하게 기능하고 있다. 기술의 기능은 두 가지로 이해할 수 있다. 일단 제작의 측면에서 제작자의 아이디어, 즉 형식이 있고, 이를 위한 자연적 소재가 존재한다. 여기서 형식은 자연적 소재에 대응한다. 자연적 소재는 형식에 맞게 가공되어야 한다. 형식은 자연에 작용한다. 자연물은 원래 기술 아이디어에 맞게 가공되기 위해 존재하는 게 아니다. 하지만 제작은 자연물에 외적이고 아무런 상관이 없었던 목적이 자연물에 고유한 목적이 되어 가는 과정을 보여 준다. 이렇게 제작된 기술적 도구는 또한 세계에 작용한다. 기술적 도구 자체가 하나의 형식이 되어 세계를 구성하면서도 또한 세계에 자신의 형식을 통해 작용하여 세계를 변형한다. 이처럼 기술은 '제작'과 '사용'이라는 두 가지 방식으로 작용하고 있으며, 이는 하나의 '사실'이다. 이러한 작용을 통해 기술은 다양한 평가를 받는다. 이는 '사실'의 문제다. 제작과 기술적 도구의 작용 측면을 카시러는 "기술적 형태화"라 부르는데, 이는 두 가지 기능이라는 사실과 연관된다.

하지만 이러한 사실은 어떻게 존재하게 되었을까? 기술은 어떻게 해서 이러저러하게 기능하게 되었을까? 기술은 어떤 이유로 이러저러하게 평가받게 되었을까? 이는 '권리' 물음이다. 사실 물음은 앞에 놓여 있는 사실을 그대로 기술하는 것으로 답변할 수 있다. 기술에 대한 사실 기술이란 기술적 형태화의 두 가지 기능을 서술하는 것이다. 권리 물음은 앞에 놓여 있는 사실이 어떻게 가능했는지를 묻는다. 이는 그 생성 원천을 제시함으로써 답변할 수 있다. 즉 기술이 이러저러하게 세계에 작용한다는 '사실'이 존재하는데, 이러한 사실이 가능하려면 어떠한 원천이 있어야 할까? 어떤 생성 원천이 있기에 이러한 사실이 있게 되었을까? 칸트의 권리 물음은 수학, 자연과학, 역사, 정신과학 영역에서 그 고유한 원칙을 인식하는 데 도움을 준다. 예를 들어 수는 존재하지만, 이 수가 도대체 어떻게 가능한지의 물음은 그 권리 물음에 해당한다. 이 물음에 대한 답변은 수의 기본적인 원칙을 인식하는 데 도움을 준다. 마찬가지로 기술의 작용이라는 사실에 대한 권리 물음은 왜 기술이 이런 방식으로 작용할 수밖에 없는지를 이해하는 데 도움을 준다. 기술의 모든 작용을 생성적 원천으로부터 이해함으로써, 우리는 작용에 대한 새로운 이해에 도달하게 된다.

그래서 기술을 그 작용의 측면만이 아니라 그 생성적 원천의 측면에서 고찰하게 되면, 기술은 "**형성된 형식**"(forma formata)이 아니라 "**형성하는 형식**"(forma formans)이다(43/16). 여기서 카시러는 스피노자의 소산적 자연(natura naturata)과 능산적 자연(natura naturans)의 구별을 가져온다. 소산적 자연이란 인과적 결과물로서의 자연만을 지칭한다. 이에 반해 능산적 자연이란 자기를 스스로 생산하는 능동적인 활동으로서의 자연을 지칭한다. 전자가 자연의 산물인 자연물, 즉 사물만을 의미한다면, 후자는 스스로 자신을 생산하는 자연의 활동성을 가리킨다. 이처럼 형성된 형식이란 사물로서의 기술적 도구만을, 형성하는 형식이란 기술적 형태화 활동 전체를 가리킨다. 이는 모든 상징적 형식의 철학이 제시하는 구분이다. 과학적 인식을 하나의 "형성된 형식"으로 바라본다는 것은 과학적 인식이라는 주체의 측면과 그 대상으로서의 세계라는 객체의 측면을 서로 분리된 것으로 바라본다는 것이다. 하지만 과학적 인식을 "형성하는 형식"의 측면에서 바라보게 되면, 과학적 인식과 세계라는 두 측면은 정신적 에너지의 개별적 형태화 과정에서 발생하는 두 가지 계기라는 것을 알게 된다. 즉 '과학적 인식'이라는 상징적 형식으로 정신적 에너지가 형태화하게 되면, 정신은 '인식', 즉 특별한 방식의 개념 체계와 이를 통해 '구성되는 세계'라는 두 측면으로 이중화되고, 이 둘을 하나로 통일한다. 마찬가지로 '기술적 형태화'를 통해 정신적 에너지가 자신을 실현할 때, 이때 기술적 형식과 세계라는 두 계기가 발생하게 되고, 정신은 두 계기를 하나로 통일한다.

카시러에 따르면 기술을 제외한 다른 상징적 형식에 관해서는 이미 이러한 권리 물음이 제기되고 답변이 제시됨에 따라 각 형식의 기능이 정당함을 인식하는 데 성공했다고 한다. 이는 물론 카시러 본인이 이미 '상징적 형식의 철학'을 통해 완성한 작업을 가리킨다. 물론 이러한 권리 물음에 대한 답변에 성공했다고 해서, 권리 물음이 마무리되는 것은 아니다. 왜냐하면 각 형식의 기능은 역사적으로 계속 변화하기 마련이며, 이러한 변화에 따라 이 기능의 사실에 대한 권리 물음은 새롭게 제기될 수밖에 없기 때문이다. 그래서 권리 물음에 대한 답변은 궁극적으로 완결될 수 없다.

하지만 기술이라는 상징적 형식에 관해서는 아직 권리 물음이 본격적으로 제기되지도 않았다. 기술은 빠르게 성장하는 데 반해, 이 기술 현상을 철학적으로 탐구하는 것은 그와 보조를 맞추지 못하고 있다. 물론 기술에 대한 여러 철학적 담론이 있었지만, 아직 권리 물음의 차원을 건드리지 못했다.[13] 그리고 기술 앞에서 보여 준 철학의 무력함이 "우리 시대의 문화경향 속에 있는 내적 긴장과 대립의 근본 동기"(42/15)다. 즉 기술이 상징적 형식의 하나로서 다른

---

13 헤어초크는 이전의 기술 논의를 "실체개념적으로 다룬 논의"로 규정하고, 이를 "상징적 형식인 기술의 기능개념적 서술"과 구별한다(Felix Alexander Herzog, *Der Geist der Technik. Eine kritische Phänomenologie der Technik*, p. 93).

상징적 형식과 어떠한 관계를 맺고 있으며, 그 경계선이 어디에 놓여 있는지 파악해야 한다. 현재는 기술이 다른 문화 부문 전반에 영향을 미치며, 심지어 이를 지배하고, 인간은 이에 종속된 것처럼 보인다. 이러한 현상이 바로 현재의 문화 위기를 일으키고 있다.

이를 해결하기 위해서는 기술에 대한 철학적 파악을 통해 기술을 상징적 형식의 하나로 파악하고, 상징적 형식의 체계 내에서 기술에 위치를 지정해 주면서 기술과 다른 문화 부문과의 적절한 관계를 마련해야만 한다. 여기서 다른 부문과의 관계는 단순히 각 영역이 자율성을 지키면서 병렬적으로 존재하는 것이 아니다. 칸트는 세 가지 영역, 진리, 선, 미 영역의 자율성을 정당화한다. 각 영역은 자신만의 입법 원칙을 지니며, 이 원칙은 서로 섞일 수 없다. 이에 반해 카시러는 문화의 각 영역이 자율적이며, 자신만의 입법 원칙을 지니면서도 서로 역동적인 관계, 상호 대결적인 관계를 맺는다고 주장한다. 이러한 대결이란 서로 간의 반목을 허용하면서도 동시에 이를 통해 자신의 고유성을 확보하는 수준이다.

이처럼 기술을 철학적으로 파악함으로써 문화철학은 자신의 범위를 기술에까지 확장한다. 하지만 이러한 양적인 확장은 "질적 변형"을 일으킨다. 문화철학이 기술을 자기 반성의 대상으로 삼는다면, 기술은 어떠한 "질적 변형"를 맞이하게 될까? 이것이 바로 카시러가 기술철학을 통해 묻고 있는 물음이다. 이는 이 논문의 결론에 가서야 말할 수 있는 내용이다.

기술 생성의 원천

그렇다면 '기술적 작용'이라는 사실이 있으려면 무엇이 논리적으로 선행해야 하는가? 기술은 사물 세계에 속하기 때문에 기술을 유물론적으로 이해하고자 하는 것은 너무나 당연한 것처럼 보인다. 하지만 유물론의 관점은 관념론의 관점과 마찬가지로 기술적 작용에 있는 한쪽 측면만을 중시하는 것이며, 이에 대한 권리 물음은 제기하지 않는다.

기술적 작용의 생성 원칙을 카시러는 "이념"이라고 본다. 이를 위해 프리드리히 데사우어와 에버하르트 치머를 인용한다. 데사우어는 칸트의 진, 선, 미의 왕국과 함께 제4왕국을 주장하면서 이 왕국이 기술의 아이디어(이념, 이데아)로 이루어져 있다고 강조한다. 말하자면 신은 네 가지 왕국을 창조했고, 여기서 진, 선, 미의 왕국은 모두 창조를 통해 물질적으로 구현했다. 하지만 제4왕국은 기술 아이디어의 전체 집합으로만 남겨 두었다. 신은 문화명령을 통해 인간이 이를 직접 실현하도록 했다.[14] 인간은 제작 활동을 통해 제4왕국에 있는 이념, 아이디어, 형식을 자연적 소재를 가공하여 직접 실현해야 한다. 치머는 『기술철학. 기술의 의미와 기술에 대한 난센스에 대한 비판』(1914)에서 자유의 이념 실현이 바로 문화이며, 기술을 문화의 한 부문으로 규정한다. 기술은 자연법칙을 거스르지 않으면서 자연법칙을 이용하여 자유를 실현하는 것, 즉 "물질적 자유"를

---

14 Friedrich Dessauer, *Philosophie der Technik. Das Problem der Realisierung*, Bonn, 1927, p. 20.

실현하는 문화다.[15] 이러한 저자들의 글을 인용하면서 카시러는 기술의 원천을 '이념'으로 보고 있다. 이 이념은 자연 세계 속에 있는 것이 아니라 그 바깥에 있으며, 이 세계 속으로 도입된다. 말하자면 이념을 위해 자연적 소재가 가공되어야 한다. 자연적 소재의 진리는 바로 이념에 있다. 이념을 위한 자연 가공이 바로 기술이다. 기술철학 분과를 새롭게 도입한 에른스트 카프는 『기술철학 개요』(1877)에서 기술을 인간 신체의 무의식적 투사 활동이라고 규정한다. 즉 기술은 자연적으로 존재하는 인간 신체를 복사하는 행위이자 그 결과물이다. 카시러는 카프의 견해에 반대하면서 데사우어와 치머의 의견을 인용하고 있다.

　이들은 모두 20세기 기술의 발전을 목도하면서 기술의 생성 원천을 '이념'으로 지목한다. 하지만 이미 2000년 전 플라톤은 "이념"과 "현상"의 관계를 규정할 때 기술, '테크네'(τέχνη)를 모델로 삼는다. 데미우르고스(δημιουργός), 즉 수공업자는 이념, 형상을 머릿속에 가지면서 이를 작품으로 제작한다. 수공업자는 베틀을 제작하는 "기술을 가진 사람"이며, 베틀이 "도구"로서 잘 기능하게끔 목재를 잘 가공하여 제작해야 한다.[16] 여기서 형상은 현상 세계 속에 "이미 주어진 것"이 아니라 초월적 세계에 있으며, 감각세계에 도입되는 것으로서, 개별 베틀의 "모범"이자 "원상"이다(44/18). 베틀이라는 형상은 가공할 자연적 소재인 나무를 요구한다. 여기서 나무의

15 Eberhard Zschimmer, *Philosophie der Technik. Vom Sinn der Technik und Kritik des Unsinns über die Technik*, Jena, Eugen Diederichs, 1914, p. 41.
16 플라톤, 『크라튈로스』, 김인곤, 이기백 옮김, 이제이북스, 2007, 53~55쪽(389a 이하).

내적 목적이 베틀이 되는 것은 아니지만, 베틀이라는 형상은 외적 목적으로서 나무에 부과된다. 하지만 베틀이라는 작품의 관점에서 보자면, 나무에 적합한 목적은 바로 베틀이 되는 것처럼 보인다. 제작된 개별 베틀은 형상에 종속되며, 베틀이 잘 작동하는지는 형상을 얼마나 잘 구현했는지에 따라 결정된다. 기술적 도구를 통해 우리는 감각적 개별 사물이 아니라 보편적인 형상, 이념, 형식이 개별 사물의 참된 존재라는 것을 알 수 있다. 예를 들어 시계를 제작했는데 이 시계가 제대로 작동하지 못하면, 시계라는 이념이 문제가 있는 것이 아니라 오히려 우리가 이 이념을 제대로 파악하지 못했기 때문일 것이다.

그런데 이러한 이념의 원천은 바로 정신에 있다. 이런 문맥에서 카시러는 막스 아이트의 글을 인용한다. 아이트는 다음처럼 기술을 정의한다. "기술은 인간의 의욕에 물질적 형식을 주는 모든 것이다. 인간의 의욕은 인간의 정신과 거의 일치하고, 정신은 생의 무한한 외화, 생의 무한한 가능성을 포함하기 때문에 기술은 재료세계에 묶여 있다 해도 순수 정신적 생의 무제한성으로부터 무언가를 물려받는다."[17] 정신의 생명은 무한하게 바깥으로 뻗어 나가는 의욕으로 실현된다. 의욕은 무한하게 뻗어 나가려 하지만, 물질적 세계는 이를 제약한다. 의욕의 이러한 무한성에 물질의 한정적 형식을 부여하는 것이 바로 기술이다. 의욕, 즉 우리의 원함은 무한하다. 이는 어떠한 방식으로든 실현되어야 하는데, 그 실현 방식 중 하나가 바로 물

---

17 Max Eyth, *Lebendige Kräfte. Sieben Vorträge aus dem Gebiet der Technik*, 4. Aufl., Berlin, 1924, pp. 1~2.

질적 형식이다. 날고 싶다는 의욕이 있으면 이 의욕을 실현하기 위해 '비행기'라는 물질적 형식이 필요하다. 더 빨리 가고 싶다면, 이것에 맞는 '자동차'라는 물질적 형식이 있어야 한다.

　즉 우리가 찾아야 할 것은 "정신적 생의 전체, 그것의 총체성과 보편성에 대해 기술이 맺는 관계"다(44/19). "이념"의 원천은 정신이고, 정신이야말로 기술의 원천이다. 이는 다른 상징적 형식도 마찬가지다. 즉 기술은 상징적 형식 중 하나로서 정신을 자신의 원천으로 가진다. 정신은 에너지로서 다양한 상징적 형식으로 자신을 실현한다. 여기에 '기술'이 속하며, 기술은 형상과 재료, 형상과 세계라는 두 축으로 구성되며, 정신은 이 두 측면을 통일시키는 활동성이다. 그래서 카시러는 "자연과학의 **존재 개념**" 대신 "**형식 개념**"을 기술철학 사유의 중심에 두고자 한다. 즉 정신적 에너지의 실현이라는 관점에서 기술을 상징적 형식으로 고찰하고자 한다. 그래서 사물이자 "존재"로서의 기술적 도구를 중심에 두는 것이 아니라 이 작품을 제작하는 "형식" 활동성, 그 생성 원천으로부터 기술을 파악함으로써 기술에 대한 새로운 시각을 제시하고자 한다. 기술을 상징적 형식의 하나로 파악하게 된다면, 전체 상징적 형식의 체계 속에서 "기술의 특수한 의미"도 파악할 수 있을 것이다.

의미 물음과 가치 물음의 구별

가치 물음은 작품의 작용에 대한 가치평가와 관련된다. 즉 기술적 도구의 기능에 대한 호불호를 판단하게 된다. 어떤 기술이 유용하면 이에 긍정적인 가치를 부여할 것이고, 어떤 기술이 해롭다고 한다면, 이에 부정적인 가치를 부여할 것이다. 이에 반해 의미 물음은 기술적 작용에 대한 권리 물음이며, 이는 기술의 의미, 그 본질에 관한 물음이다.[18]

『상징적 형식의 철학』 3권에서 전통적인 철학이 세계에 의미를 부여하는 활동을 했다면, 칸트는 이러한 의미 부여 활동의 "성과"가 아니라 이 활동 자체, 즉 "이론적 인식의 기능과 고유한 법칙성"에 시선을 던졌다고 카시러는 강조한다. 즉 전통적으로 철학자는 세계에 의미를 부여해 왔다. 칸트는 의미를 부여하는 것이 아니라 이러한 의미 부여 활동의 가능 근거를 묻는다. 즉 의미 부여의 성과물을 평가하는 게 아니라 이 의무 부여 활동 자체의 의미를 묻는다. 칸트가 이런 물음을 던진 것은 인간의 세계 의미 부여 활동이 단순히 완결된 전체로 주어진 세계를 대상으로 하는 것이 아니라 자신이 창조한 형식을 통해, 즉 형식을 매개하여 구성된 세계에 대해 이루어지기 때문이다. 그래서 인식이란 단순히 주어진 전체로서의 세계를 수용하고 이를 수동적으로 반영, 재현하는 것이 아니라 오히려 능동적인 정신의 활동으로서, 세계를 자신만의 매개적 형식을 통해 구성하고 창조한다.[19]

이와 마찬가지로 기술철학은 기술적 도구라는 기술적 형태화의 '성과'가 아니라 제작 활동 및 기술 사용 활동의 의미와 가능 근거를 묻는다. 우리는 특히 기술과 관련하여 가치 물음으로부터 의미 물음을 도출하려고 시도하는데, 이는 잘못된 것이다. '기술이 무엇

---

18 Ernst Cassirer, 『상징적 형식의 철학. 제3권: 인식의 현상학』, 26쪽.
19 같은 책, 27쪽.

인가'란 물음에 대해 우리는 일상적으로 기술이 유용하다거나 유해하다고 답변한다. 즉 기술에 대한 물음을 가치 물음으로 이해한다. 하지만 카시러는 가치 물음과 의미 물음을 철저히 구별하고자 한다. 가치 물음으로부터 의미 물음을 도출하려는 시도의 대표적인 사례가 바로 루소(Jean Jacques Rouseau)의 시도다.

루소는 1750년 디종 아카데미 논문 공모 "예술과 학문의 재탄생이 인간의 윤리적 완성에 기여했는지, 했다면 얼마나 했는지"에 대한 답을 한다. 이 물음은 예술과 학문의 본질 물음이나 의미 물음이 아니라 윤리적 완성, 즉 예술과 학문이 일으킨 성과에 관한 물음이다. 여기서 루소는 카시러에 따르면 가치 물음을 의미 물음과 뒤섞고 있다. 물론 루소는 디종 아카데미가 제시한 질문에 답변하려고 『인간 불평등 기원론』을 쓴 것이고, 그래서 이 글은 루소의 고유한 생각을 담고 있지 못하다고 할 수도 있다. 루소에 대한 언급을 통해 카시러는 기술의 의미 물음, 즉 기술의 본질, 기술의 내재적 원칙을 먼저 이해하고, 그 이후 기술의 작용에 대한 새로운 평가적 차원으로 나아가려 한다. 그래서 기술 영향 평가보다 우선 기술의 본질을 이해해야 한다. 이 본질을 이해한다면, 기술에 대한 평가 또한 달라지게 마련이다.

그런데 여기서 기술의 본질을 고정적인 것, 완결된 것, 주어진 어떤 것으로 간주하면 안 된다. 기술의 본질은 바로 정신적 에너지를 표현하는 활동성이다. 즉 "기술의 존재는 오로지 그 기능 속에서만 드러난다"(48/22). 여기서 기능은 기술을 사용할 때에만 작동한다. 정신적 에너지가 자신을 실현하는 여러 상징적 형식 중 하나가 바로 기술이며, 기술은 이러한 정신의 활동성으로 이해해야 한다. 즉 기술의 본질은 정신의 상징화하는 활동이다. 하지만 한 번 제작된 걸로 기술적 도구의 본질이 고정되는 건 아니다. 제작 자체가 정신의 활동성이라면, 기술적 도구의 사용은 이러한 정신의 활동성의 연장이다. 기술적 도구는 오로지 사용됨으로써 기능한다. 사용되지 않는 기술적 도구는 없는 것이나 다름없다. 하지만 이러한 사용은 서로 다른 수많은 개인에 의해 이루어진다. 각자는 자신의 특수한 의욕 실현을 위해 기술을 사용한다. 그래서 기술의 기능은 서로 다른 사용을 통해 계속 변화하기 마련이다. 스마트폰 제작자가 어떤 생각으로 제작했든 그것은 상관이 없다. 사용자 집단이 스마트폰을 사용하면서 스마트폰의 기능을 규정하고 확장한다. 그리고 이러한 사용은 스마트폰의 점진적인 변화를 이끈다. 즉 기술적 도구의 사용은 끊임없는 변화를 이끈다. 그래서 사용의 측면은 기술이라는 형식이 정신의 활동성을 원천에 두고 있음을 잘 보여 준다.

이런 점에서 기술은 다른 상징적 형식과 "근친성"의 관계를 맺는다. 카시러는 훔볼트를 인용하면서 언어를 하나의 산물로 이해할 것이 아니라 정신이 자신을 '언어'라는 상징적 형식으로 실현하는 활동으로 이해할 것을 강조한다. 상징적 형식을 창조하는 활동은 하나의 입법 행위다. 각 상징적 형식은 각자의 내적인 법칙이 있으며, 이 법칙에 따라 자기 세계를 구성한다. 이 형식은 자기 법칙에 따라 세계를 구성하는 활동이다. 물론 이 형식은 그 사용을 통해 항상 변화 과정을 겪는다. 모든 상징적 형식은 이처럼 입법 활동을 벌이면서 사용을 통해 변화한다는 점에서 공통적이지만, 이때 각 법칙과 변화 양상은 서로 구별되기에 특수하다.

2. 기술적 형식을 통한 세계 구성

현실의 정신적 장악인 언어와 도구

카시러는 막스 아이트의 글을 길게 인용한다. 이에 따르면 동물과 인간의 구별점은 인간이 "말과 도구를 창조할 능력"을 지닌다는 점에서 찾을 수 있다(50/24). 말이나 도구 모두 자연을 지배하기 위한 목적에 봉사한다. 이 둘은 정신이라는 원천에서 나왔다. 말은 지식 영역, 도구는 능력 영역에 속한다. 처음에는 자연과의 대결에서 도구가 주도적 역할을 했지만, 어느 정도 자연으로부터 안전을 획득한 이후에는 지식이 더 중요해졌다. "호모 사피엔스"라는 표현을 보면 지식이 얼마나 중요한지를 알 수 있다. 하지만 이 지식을 가능케 한 것은 역사적으로 도구였고, 그래서 이를 소홀히 해선 안 된다. 이러한 아이트의 논의를 통해 카시러는 언어와 도구의 "평행론"에 "진짜 철학적 문제"가 숨겨져 있다고 주장한다. 여기서 진짜 철학적 문제란 이 둘이 서로 구별되면서도 서로 "근친성"의 관계에 놓여 있다는 점이다.

과거부터 언어를 "외부 현실을 기술하는 수단"이 아니라 "현실 장악 수단"으로 파악해 왔다(51/26). 심지어 소피스트는 고대 그리스의 변호사로서 "로고스"를 투쟁적인 도구로 사용했다(51/26). 자연과의 투쟁, 사회 속에서의 투쟁 속에서 인간은 언어를 사용했다. 언어가 투쟁의 도구로 사용되기도 하지만, 언어는 물질적 도구와 평행한 관계 속에서 자신의 입지를 찾아간다. 언어는 도구적 의미보다는 이론적 의미가 크며, 로고스의 표현이며, 이를 관장하는 것은 이성이다. 이성은 언어를 통해 현실을 장악하긴 하는데, 이는 물질적 도구와는 다른 방식이다. 물질적 도구는 이성이 아니라 의지의 측면과 관계한다. 그래서 언어와 도구는 "인간 본질의 두 측면"을 보여 주는데, 바로 '이성'과 '의지'다. 이 두 가지 힘을 통해 인간은 외부 현실과 투쟁하면서 현실을 장악한다.

언어나 도구나 모두 현실을 정신적으로 장악한다. 우선 '현실을 잡는 것'은 이중적이다. "언어적-이론적 **사유함**"의 차원에서는 현실을 "개념파악"(Begreifen)한다. 이와 달리 의지의 차원에서는 세계에 작용하는 "매체"를 통해 현실을 움켜쥔다(Erfassen). 물질적 도구는 형상, 이데아를 통해 자연적 소재를 장악한 결과다. 그래서 자연에 물질적인 작용을 가하는 측면도 크지만, 이러한 물질적 작용의 근저에는 형상에 의한 자연 장악이 놓여 있다. 형상, 이데아는 정신적인 것이므로, 이 또한 정신적인 장악이라 할 수 있다. 그래서 언어를 통해 현실을 개념파악하는 이론적 측면이 "사유적인 형식부여(Formgebung)"라면, 도구를 통해 현실을 실천적으로 변형하는 측면은 "기술적인 형식부여"다.

언어나 도구 모두 인간과 세계 사이에 위치하면서 이 둘을 관계시키는 형식이자 매체다. 여기서 언어와 도구는 모두 상징적 형식으로서 세계를 구성한다. 우리는 보통 언어의 개념을 통해 현실을 파악한다고 생각한다. 하지만 언어는 물질적 도구와 마찬가지로 현실에 형식을 부여하는 매체다. 언어나 물질적 도구나 하나의 상징적 형식이자 "형성하는 형식"으로서, 한편에는 언어 개념이나 기술 아이디어라는 형식을, 다른 한편에는 이에 의해 구성된 세계를 가진다. 이때 세계는 형식을 통해 구성되며, 형식에 대응한다. 언어 개념에는 이에 맞는 세계가 놓여 있으며, 기술 형식에는 이에 맞는 물질적 세계가 놓여 있다. 언어는 현실을 있는 그대로 파악하는 것이 아니라 자신의 개념을 통해 현실을 구성한다. 이념을 원천으로 하는 기술은 도구를 제작함으로써 자연적 소재를 물리적으로 장악한다. 그리고 그 결과물인 기술적 도구는 현실에 물리적으로 작용한다. 인간은 기술적 도구를 통해 세계와 관계한다. 이때 기술적 도구는 단순히 주어진 세계와 우리를 이어 주는 것이 아니라 기술적 도구 자체가 세계를 구성하고 변형한다. 언어가 개념이라는 형식을 세계에 부여함으로써 세계를 구성하고 장악한다고 한다면, 기술은 이념이라는 형식, 그리고 그것의 구체화인 도구라는 형식을 세계에 부여함으로써 세계를 구성하고 장악한다고 할 수 있다. 사유와 기술적 작용 모두 형식을 생성하고 부여하는 행위라는 점에서 동일하다.

카시러는 언어의 세계 구성 기능을 강조하기 위해 빌헬름 폰 훔볼트(Wilhelm von Humboldt)의 논의를 인용한다. 그에 따르면 언어의 다양성은 "세계상 자체의 다양성"을 뜻한다(52/27). 왜냐하면 언어는 단순히 주어진 세계를 지칭하는 것이 아니라 고유한 개념 체계로서 세계에 형식을 부여하고, 이를 구성하기 때문이다. 그런데 이는 원시적 도구에도 해당한다.

예를 들어 자크 엘륄(Jacques Ellul), 마르틴 하이데거(Martin Heidegger), 질베르 시몽동(Gilbert Simondon)은 원시적 도구와 현대적 도구 사이의 차이를 매우 강조하지만, 카시러는 이 논문에서 둘 사이에 본질적인 차이가 없음을 주장한다. 도구가 없을 때 인간은 자신의 의지를 실현하기 위해 신체를 사용했다. 하지만 신체 이외의 사물을 이용함으로써 점차 시공간적 한계를 극복한다. 돌을 던짐으로써 손만으로는 못 했던 사냥의 공간적 한계를 극복하고, 잎을 이용해 뭔가를 저장함에 따라 시간적인 한계도 넘어서게 된다. 하지만 돌을 던진다고 해서 엄밀한 의미에서 도구를 획득했다고는 볼 수 없다. 예를 들어 원숭이가 돌을 던진다고 해서 이를 도구라고 할 수는 없다. 도구란 형식이 있어야 한다. 곧 돌도끼든 돌칼이든, '도끼'나 '칼'이라는 '형식'을 먼저 구상하고 이를 자연적 소재를 가공하여 구현해야 한다. 인간은 의지를 실현하기 위해 점차 자기 영향력을 확대하기 시작한다. 이러한 양적인 증가는 질적인 변화를 일으킨다. 그리고 마침내 이를 위해 형식을 구상하여 도구를 제작한다. 이러한 도구 제작은 인간에게 "새로운 세계-관점"을 가능케 한다.

카시러는 이 지점에서 자신의 기술철학이 해결해야 할 과제를 제시한다. 즉 도구 제작을 통해 이루어진 세계 관점의 전환을 해명해야 한다. 형식을 구상하고 난 후 도구를 제작함으로써 인간은 새로운 세계를 획득했다는 것이다. 이때의 세계는 상징적 형식인 기술이 구성한 세계다. 기술이라는 상징적 형식의 획득은 새로운 세계를 가져왔고, 이에 따라 인간은 기술이 제공하는 새로운 세계-관점을 획득하게 된다. 이를 위해 카시러는 첫 번째 도구가 탄생한 시점까지 거슬러 올라가려 한다. 기술 제작 활동이 처음으로 발생한 곳에서 새로운 세계가 열리기 시작한다. 그래서 기술철학의 과제란 기술을 상징적 형식의 하나로 해명하는 것이다.

기술적 형식부여의 가능 근거에 대한 탐구

① 단첼의 예와 그에 대한 비판

카시러에 따르면 자연민족과 문화민족이 구별되며, 이 둘의 차이는 자신의 원함을 어떤 방식으로 실현하는지에 따라 구별된다. 문화민족이 "기술적 의욕과 실행 유형"에 속한다면, 자연민족은 "마법적 의욕 및 실행 유형"에 속한다. 여기서 카시러는 테오도르-빌헬름 단첼(Theodor-Wilhelm Danzel)의 마법과 기술 구별을 비판한다. 그는 자연민족을 "호모 디비난스"(예지적 인간, homo divinans), 문화민족을 "호모 파베르"(기술적 인간, homo faber)로 구별한다. 하지만 문제는 마법을 잘못 이해했다는 점이다.

"인과성의 범주"에 기반을 두고 있는 "이론적 세계고찰의 관점"에 따르면 주체와 객체, 인간과 세계는 구별된다. 객체의 세계는 인과성의 범주가 지배한다는 것을 주체는 안다. 주체는 이러한 인과성의 범주 바깥에 존재하면서 이것이 작동하는 방식을 안다. 그런데 카시러에 따르면 이러한 이론적 관점은 하나의 상징적 형식이자 우리의 "태도"다. 이러한 태도를 지니기에 우리에겐 인과성의 법칙에 따라 작동하는 세계가 존재한다. 즉 우리의 태도에 따라 주체와 객체의 구별이 생겨났고, 인과성의 법칙에 따라 작동하는 세계가 구성된 것이다. 그런데 단첼은 이러한 우리의 이론적 관점이 자연민족에도 존재한다고 가정한다. 카시러에 따르면 이는 문화민족의 태도이지 자연민족의 태도는 아니다.

단첼에 따르면 마법적 인간의 행위는 객관적인 근거가 아니라 주관적인 근거를 우선시한다. 그래서 자신의 "주관적인 것", "자신의 고유 상태", "충동과 의지 자극"을 "현실에 투사하고, 자신 내부의 과정을 외부 세계 속에서" 본다(54/29). 예를 들어 마법적 인간은 '비가 오지 않았으면 좋겠다'고 일단 상상한다. 단첼에 따르면 "주관적인 것"을 객관적인 세계 속에 투사하기 위해 곧 어떤 의식(儀式)을 거행하게 된다. 기우제가 그 사례일 것이다. 이러한 의식을 통해 자신의 주관적 상상이 현실로 드러날 것을 기대한다. 그래서 마법이란 "주관적인 것"을 객관적인 것으로 변화시키는 것이다. 여기서 주관적 상상이 왜 객관화되어야 하는지에 대한 합리적 이유는 존재하지 않는다. 다만 주관적 소원이 바로 현실화될 것을 기대한다. 단첼에 따르면 마법적 인간은 주관적 근거를 따르고, 기술적 인간은 객관적 근거를 따른다. 즉 객관 세계를 지배하는 인과성의 법칙을 존중한다.

카시러는 여기서 단첼이 "선결문제 요구의 오류"(petitio principii)를 범하고 있다고 지적한다. 즉 그는 "설명해야 할 것을 미리 설명의 근거로 취하고 있다"(54/30). 이 오류는 순환오류라고도 할 수 있다. 예를 들어 '나는 최고이다. 왜냐하면 내가 제일 잘하기 때문이다'를 들 수 있다. 내가 최고인 이유를 해명해야 하는데, 이는 단순히 전제되어 있고 해명되지 않는다. 이는 올바른 설명이라 할 수 없다.

단첼은 원시인이 원래 주관과 객관 영역을 잘 구별하는데 마법을 부릴 때에만 주관과 객관을 혼동하여 "두 영역의 경계를 없앤다"고 설명한다. 말하자면 객관과 주관이 서로 구별되는데, 마법적 인간은 주관적인 영역만을 절대화하여 이를 객관에 적용하려 한다. 객관을 객관 자체로 존중하지 않는다. 이러한 단첼의 설명은 두 영역을 이미 잘 구별하는 "우리의 이론적 세계고찰"의 관점에서 이야기하는 것이다(54/30). 카시러에 따르면 역사적으로 주체와 객체의 구별은 주어진 것이 아니라 "정신의 노동"을 통해 획득한 것이다(54/30). 구체적으로 이 구별은 "신화, 종교, 언어, 예술, 학문", 그리고 기술을 통해 생겨난다(55/30). 즉 상징적 형식의 획득 이전에 마법적 인간이 세계와 직접적인 관계를 맺었다고 한다면, 이 형식의 획득 이후에 기술적 인간은 상징적 형식을 매개로 해서 세계와 관계를 맺는다. 우리와 세계 사이에 매개가 없다면, 주관과 객관의 구별은 존재하지 않는다는 것이 카시러의 주장이다.

단첼은 현재 우리에게 자명한 주관과 객관의 구별을 역사적인 문맥에 대한 고려 없이 원시인에 바로 대입한다. 현재의 우리처럼 으레 원시인도 그렇게 생각했을 거라고 단정하는 것이다. 그래서 단첼은 원시인도 우리처럼 주관과 객관을 구별할 수 있다고 가정하면서, 다만 원시인이 마법 사용 시 주관을 절대화하여, 주관과 객관을 혼동한다고 주장한다. 하지만 단첼은 우선 이 가정을 해명해야만 한다. 단순히 현재의 관점을 원시인에게 적용하는 대신, 원시인이 실제로 주관과 객관을 구별할 수 있는지를 해명해야만 한다. 하지만 단첼은 설명해야 할 과제를 망각하고는 이를 당연시하면서 논의를 이어 나가고 있다. 즉 마법을 기술의 관점에서 해명하고 있다. 즉 카시러에 따르면 마법이 주관과 객관을 구별하지 않은 채 자신의 욕구를 실현하는 방식이라고 한다면, 기술은 이러한 구별을 전제로 한 욕구 실현 방식이다. 결과적으로 단첼은 마법과 기술을 뒤섞고 있다.

② 프레이저의 예와 그에 대한 비판

제임스 조지 프레이저는 『마법적 기술』(*The Magic Art*)에서 동일한 오류를 범한다. 그는 마법과 기술, 마법과 학문을 뒤섞는다. 일단 프레이저는 종교적 세계상과 마법적 세계상을 구별한다. 마법은 세계를 닫힌 인과 계열로 보지만, 종교는 초월적 세계 존재의 개입을 인정한다. 세계를 닫힌 인과 계열로 본다는 점에서 마법적 세계상은 겉으로 보면 우리의 과학적 세계상과 유사하다. 세계를 초월한 원인의 개입을 인정하는 종교와 달리 마법적 세계상은 세계를 세계 내적 원인과 결과로 이루어져 있는 계열로 본다는 점에서 과학적 세계상과 유사하다.

프레이저에 따르면 모든 마법은 공감마법(sympathetic magic)이다. 그 이유는 마법사가 멀리 떨어진 사물과 동일한 마음 상태, 즉 공감하고 있기 때문이며, 프레이저는 이를 영기(ether)를 통해 상호작용하는 것이라고 설명한다.[20] 그는 공감마법(sympathetic magic)을 다시 동종마법(homoeopathic magic)(=모방마법, imitative magic)과 감염마법(contagious Magic)으로 나누며, 전자는 유사법칙, 후자는 접촉법칙에 따라 이루어진다고 설명한다. 모방마법 또는 동종마법에 따르면 어떤 것을 모방한 후 모방품에 작용을 가하면 이것이 모방한 대상에도 동일하게 작용이 미친다. 예를 들어 비슷하게 생긴 인형을 만들어 인형에 작용을 가하면 인형의 원본인 사람에게도 작용이 미친다. 접촉법칙에 따르면 어떤 사람과 접촉한 사물에 어떤 작

---

20 James George Frazer, 『황금가지』, 이용대 옮김, 한겨레신문사, 2001, 85쪽.

용을 가하면, 이를 접촉한 사람에게도 동일한 효과가 일어난다. 어떤 사람이 만진 물건에 작용을 가하면, 만진 사람에게도 동일한 작용이 미친다는 것이다. 동종마법은 유사법칙에 따르고, 감염마법은 접촉법칙에 따른다. 유사법칙에 따르면 "유사는 유사를 낳는다, 또는 결과는 원인을 닮는다".[21] 접촉법칙에 따르면 "한 번 접촉한 사물은 물리적 접촉이 끊어진 후에도 계속 서로 작용을 미친다".[22]

이러한 마법은 "동일한 원인이 언제나 동일한 결과를 낳는다"고 전제하며, 이는 "근대과학"의 관점과 일치한다. "적절한 주문과 더불어 적절한 의식을 거행하면 반드시 바라는 결과가 나온다고 주술사는 믿는다."[23] 마법의 두 법칙은 자연과학의 법칙처럼 항상적이고 적용 가능하다. 우연 따위는 자연에 일어나지 않는다.

그렇다면 "프레이저 이론의 결점"은 무엇인가? 그는 마법과 기술(혹은 자연과학)을 구별하지 않는다. 인간은 마법을 통해 자연에 대한 예속에서 벗어나며, 신을 자연 질서에서 추방시킬 수 있었다. 즉 인간은 마법을 통해 자연을 지배하고 소유할 수 있게 됐다. 이 점에서 마법과 기술은 공통적인 측면을 가진다. 하지만 마법과 기술은 자연을 장악하는 방식에서 차이가 난다.

호모 디비난스의 마법은 "기적의 힘"에 의존한다. "전쟁, 약탈, 어획, 사냥"을 하기 전에 그 성공을 위해 우선 마법을 실행한다. 먼저 의식(儀式)을 통해 목표가 실현될 수 있다고 상상한다. 이 점에서

21 같은 책, 83쪽.
22 같은 책, 같은 곳.
23 같은 책, 104쪽.

마법은 사물의 현실성과 가능성을 구별한다. 어떤 목표가 실현되는 상상은 가능성의 세계다. 이에 반해 현재의 상태는 현실성이다. 아직 사냥하기 전이 현실이라면, 의식을 통해 그리는 것은 가능성의 상태다. 그리고 마법의 의식은 가능성을 현실로 전환한다. 이 점에서 마법을 통해 "인간은 사물의 직접적 현재와 결별하고 고유의 왕국을 세워 이를 통해 미래로 나아간다". 다만 꿈꾸고 있는 상상은 자기 욕망의 직접적인 내용이다. 이러한 욕망의 가능성이 의식(儀式)을 통해 현실화된다. 이는 겉으로 보면 프레이저가 생각했듯 일종의 인과적 과정이다. 인간은 직접적 현실로부터 자유로워지고 자신만의 상상의 왕국에서 소원을 빌며, 이것이 이후 행위를 통해 실현될 수 있기를 꿈꾼다. 마법이란 꿈꾸는 행위이고, 기적을 바라는 실천이다.

이를 통해 "마법의 두 가지 원천형식", 즉 "언어 마법과 그림 마법"이 생겨난다. 인간은 언어나 그림을 통해 현재는 없지만 앞으로 있을 수 있는 것을 기록할 수 있다. 우리는 '사과'라고 말을 함으로써 사과가 현재 내 손에 없지만 그것을 상상할 수 있다. 즉 존재하지 않는 것을 존재하게 만들 수 있다. 이처럼 말과 그림은 현재 없는 것을 현재 있는 것으로 만들 수 있다. 예를 들어 기우제에서는 비가 오는 것을 상상하거나 비라는 단어를 거듭 말함으로써 비가 실제로 오도록 기원한다. 이러한 마법적 행위는 세계를 자기 소원대로 변화시키는 실천이라 할 수 있다. 그래서 마법은 일종의 "세계 파악"일 뿐 아니라 "세계 형태화"의 한 형식이라 할 수 있다. 하지만 이는 상상에 지나지 않으며, 현실은 배제되어 있다. 그래서 마법의 발전은 제한이 있다. 즉 마법은 단순히 상상과 현실을 동일화하려고만 한다. 이러한 "마법적인 동일화"의 상상 혹은 믿음 외에는 마법적 소원을 현실화할 수 있는, 세계 변화를 실행할 구체적인 수단이 없다. 기우제 의식을 하면서 비가 실제로 내리게 할 수 있는 어떠한 구체적인 실행도 하지 않는다. 우리가 상상을 세계 속에 실현하려면 세계를 변화시켜야 하는데, 이를 위해서는 현실과의 "대결"이 필요하기 때문이다. 그래서 현실을 진정으로 장악하려면 우선 현실과 거리를 둬야 한다. 즉 마법의 경우 자신의 주관적 상상이 그대로 객관화되기를 소망한다. 여기서 현실과의 거리는 존재하지 않는다. 주관과 객관이 동일하다는 믿음만 존재한다.

마법과 기술의 차이

마법이 소원의 실현 도구라면, 기술은 의지의 실현 도구다. 소원은 단순한 상상을 의미한다. 마법적 상상은 주관과 객관을 구별하지 못하고 이 소원을 그대로 현실화하기를 꿈꾼다. 물론 마법은 가능성과 현실성을 구별하면서 가능성을 현실화하는 시도라는 점에서 기술적 도구의 탄생을 위한 중요한 진전이라 할 수 있다. 소원은 직접적인 욕구를 기초로 하며, 이를 실현하기 위해 의식(儀式)이라는 매개를 거친다. 하지만 의식은 앞에서 언급했듯 세계 형태화를 위한 실천이긴 하지만, 세계를 형태화할 구체적인 실천적 수단은 아니다. 기우제를 한다고 해서 세계를 변형할 수 있는 것은 아니다.

소원의 직접적 표출인 마법과 달리 기술을 제작하는 의지는 일정한 소원을 꿈꿀 뿐 아니라 목적과 현실을 구별한다. 즉 자신이 실현하고자 하는 목적과 눈앞의 현실을 구별할 줄 안다. 그리고 이 구별을 통해 현실을 그 자체로 파악한다. 소원에만 눈이 먼 마법사는 현재 존재하는 현실을 도외시하고, 자신의 상상을 현실에 뒤집어씌운다. 이에 반해 의지를 실현하려는 기술자는 목적 실현을 위해 현재 존재하는 사물의 낯선 질서를 우선 인식한다. 그리고 이러한 인식을 바탕에 두고서 자신의 목적, 의욕을 구체적으로 현실화하려 한다. 현실의 낯선 질서를 우선 인식한다는 것은 주관과 객관을 구별한다는 것이고, 객관, 현실, 세계를 그 자체로 "인정"한다는 것을 의미한다(60/36). 독일어로 '인식한다'(erkennen)와 '인정한다'(an-erkennen)는 표현이 거의 비슷하다는 점에 카시러는 주목한다. 먼저 현실을 인정해야만 현실 인식이 가능하다는 것이다. 현실을 인정한다는 것은 우선 주체가 객체와 분리된다는 것을 의미한다. 인간은 자연, 세계, 현실을 인정하고, "자연의 고유한 독립적 존재"를 고찰하게 된다. 이 지점에서 카시러는 프랜시스 베이컨의 문구를 인용한다. "자연을 지배하는 것은 그것에 복종하는 방법밖에는 없다."(Natura non vincitur nisi parendo)[24] 독립적인 자연이 이때에 비로소 "발견"된다(60/36). 마법은 자연의 존재를 그대로 인정하는 게 아니라 자신의 소원을 그대로 자연에 뒤집어씌운다. 그래서 마법은 자연을 존중하지 않고, 이를 일방적으로 지배하려 한다. 이와 달리 기술은 자연을 존중함으로써 자연 지배에 이른다. 자연을 그대로 인정한다고 해서 자연에 아무런 변형도 가하지 않는 것은 아니다. 자연법칙을 존중하면서도 이를 이용해 자연을 변경할 수 있다. 자연법

---

24 Francis Bacon, 『신기관』, 진석용 옮김, 한길사, 2016, 39쪽 참조.

칙을 거스를 수 없는 자연도 정신의 형식을 수용할 수 있다. 의지는 자연에 기술적 형식을 부여한다. 기술적 형식은 자연법칙에 어긋나지 않으면서도 이를 이용하여 자연을 변형한다.

카시러에 따르면 인간과 자연을 구별하고 자연을 인정한 후, 인간은 자연 속에서 자신의 의욕을 실현하기 위해 도구를 제작한다. 도구는 그 실현 수단이다. 이제 카시러는 첫 번째 도구를 고찰하려 한다. 물론 현대에 발전된 기술적 도구와 첫 번째 도구 사이에는 큰 차이가 있는 것처럼 보이지만 본질적으로는, 즉 "행위의 **원칙**"의 관점에서 보면 큰 차이가 없다. 동물의 단계에서 벗어나 인간의 단계로 들어서는 그 경계선이 바로 도구의 사용이며, 경계를 둘러싼 두 단계의 차이는 매우 엄청난 것이다. 이것과 비교하면 원초적 기술과 현대기술 간의 차이는 상징화하는 "행위의 원칙"의 관점에서 보면 본질적으로 없다고 할 수 있다.

도구의 도입은 바로 "매개적 행위 방식"의 생성을 뜻한다. 마법의 경우 자신의 소원을 그대로 실현하려 한다. 말하자면 여기서 인간과 세계는 직접적인 관계를 맺고 있고, 둘 사이를 매개해 주는 그 어떤 것도 없다. 하지만 도구의 등장으로 인간과 세계는 직접적인 관계가 아니라 도구를 통해 매개된 관계를 맺게 된다. 인간은 도구를 통해 세계에 접근한다. 이러한 "매개적 행위 방식"은 "새로운 세계지배"와 "인식의 세계전환"과 더불어 시작된다. 말하자면 자연 세계를 그대로 존중하는 태도가 도구의 도입으로 생겨난다. 이러한 변화된 세계 인식은 원초적 도구 시대로부터 현대기술 시대에 이르기까지 여전히 유지되고 있다.

일반적으로 "모든 사유는 자신의 순수 논리적 형식에 따르면 매개적"이고, 이를 통해 추론을 형성한다. 논리적으로 사유는 항상 보편적인 개념과 개별적인 사물을 연결한다. 이는 보편성과 개별성을 이어 주는 특수성의 매개를 통해 이루어진다. 추론은 바로 보편성과 개별성을 특수성을 통해 연결하는 사유 과정이다. 그런데 사유 영역에서 특수성이라는 매개의 역할을 인간 행위의 영역에서는 도구가 담당한다. 도구는 "단순히 사유가 아니라 대상적 직관 속에서 파악된 '매개항'(terminus medius)"이다. 의지-도구-세계의 구도에서 도구는 중간 역할을 담당하면서 의지의 목적을 세계와 결합하는 기능을 수행한다.

의지는 욕구, 즉 결여 상태에서 만족 즉 실현 상태로 나아가고자 하는데, 도구가 그 매개 역할을 한다. 그런데 꼭 도구가 필요한가? 인간은 자기 신체를 가지고 있고, 신체만으로 인간은 많은 것을 해내지 않는가? 하지만 인간의 신체 기관만으로는 둘 사이의 간격을 좁힐 수 없다. 인간에게 주어진 신체는 다른 동물에 비하면 매우 허약하다. 그래서 옷이 필요하고, 막대기가 필요하다.

도구를 통해 인간은 자신의 환경에 작용한다. 물론 마법 또한 자신의 환경에 작용한다. 앞에서 언급했듯이 마법 또한 세계를 자기 소원대로 변화시키려는 시도다. 다만 도구 사용과 마법 사용의 차이는 이 "작용에 관한 지식"이 있느냐 여부이다(63/38). 마법은 욕망을 세계에 뒤집어씌우는 것이다. 하지만 세계와의 거리가 없기에 이 작용에 대한 지식 자체가 없다. 기우제를 하면서 이 의식이 어떻게 세계에 영향을 구체적으로 미치는지에 대한 지식은 전혀 없으며, 또한 불필요하다. 반면 도구 사용 시 우리는 의지의 목표만을 생각하지 않고, 현실 자체를 주시한다. 즉 우리는 목표로부터 "시선 돌리는 법"(abzusehen)을 배운다. 이 시선 돌리기의 유무가 동물과 인간의 차이를 형성한다. 동물은 어떤 목표가 있으면 절제 없이 이를 추구한다. 동물은 목표로부터 시선을 돌리지 못하기 때문에 자연적 존재로 머문다. 마법의 경우도 이렇다. 소원을 이루기 위해 소원만을 바라보고 이를 세계에 실현할 수 있다고 믿는다. 하지만 의지를 지닌 인간은 자신의 목표뿐만 아니라 세계로부터도 거리를 둘 수가 있다. 아무리 목표가 절박하다 해도 이로부터 거리를 둘 수 있으며, 이러한 거리두기를 통해 도구를 제작하여 목표 실현을 위한 준비를 할 수 있다. 목표에 사로잡혀 이를 바로 실현하려 하지 않고, 여유를 가지고 목표를 실현할 수 있는 방법을 찾으면서 인간은 도구를 제작하게 된다. 이러한 시선 돌리기를 통해 인간은 대상과의 거리를 확보하고, 대상을 더 자세히 관찰하게 되면서 "더 고상하고 상세한 수준에서" 대상을 장악하게 된다.[25] 반면 마법은 목표, 자신의 소원으로부터 시선 돌리기를 하지 않는다. 마법사는 자신의 소원으로 충만해 있고, 이는 곧바로 현실이 된다.

인간은 의지를 통해 자기 목적과의 거리두기를 하게 된다. 자연을 있는 그대로 인정하게 되면서 자연과도 거리두기를 한다. 그리고 도구를 제작하여 사용하게 된다. 이러한 일련의 과정을 통해 인간에게 새로운 세계-관점이 열리게 된다. 바로 자연이란 인과 법칙에 따라 움직이는 자족적 체계라는 것을 알게 된다. 마법의 세계에서 인간은 자신이 원하는 대로 세계를 구성한다. 세계는 자연법칙이 아니

---

25 Aud Sissel Hoel, "Technics of Thinking", p. 76.

라 나의 소원의 지배를 받는다. 하지만 기술의 세계에서 자연은 자연법칙의 지배를 받는다. 내가 제작한 도구조차 이러한 인과성의 범주 속에 있다.

프레이저는 마법 또한 인과성의 범주를 통해 이해할 수 있다고 믿었지만, 이는 잘못된 인식이다. 프레이저는 은유의 두 규칙인 유사법칙과 접촉법칙이 마법의 세계를 규정한다고 한다. 유사한 것은 유사한 것끼리 연결되며, 접촉한 것들 또한 서로 연결된다. 이러한 '연결'은 프레이저가 믿는 바와 달리 "인과적 연결"이 아니다. 이는 유사와 접촉에 따른 '관념연합'으로서 상상의 세계에서만 통용되며 객관적인 현실에서는 무력하다.

반면 도구를 통해 세계와 만나면서 인간은 세계를 "인과적 연결"의 범주로 구성한다. 관념연합으로 구성된 세계가 아니라 객관적 필연성이 담보된 인과성으로 구성된 세계를 기술자는 도구를 통해 만난다. 기술자가 자신의 형식을 통해 구성하는 세계가 바로 인과 법칙이 지배하는 세계다. 도구는 세계에 인과성의 범주에 따라 작용한다. 왜냐하면 도구 또한 인간 바깥에 존재하는 "사물적인 것"이기 때문이다. 도구는 하나의 사물로서 사물 세계 속에서 "다른 존재에 행사하는 **작용**으로만 존재"한다. 도구가 작용할 때, 그 재료의 물리적 속성도 중요하지만, 더 중요한 것은 그 질료 속에서 작용하는 '형식'이며, 이 형식이 바로 작용의 주요 원인이다.

여기서 형식이란 앞에서 언급한 "이념"을 말한다. 모든 도구의 원천은 이념이다. 이념이란 경험적 세계에는 없지만, 경험적 세계 속에서 일정한 질료를 통해 실현된다. 이 이념은 가능적인 것이지 단순히 우연적인 것은 아니다. 책상의 이념은 개별 책상들을 가능케 하는 것이며, 개별 책상들보다 우위에 있다. 경험적인 개별 책상은 항상 불완전하기 마련이다. 이념이 책상의 모양을 지정하며, 나무 재료 가공을 통해 실현된다. 나무는 책상이 되기 위해 존재하는 것은 아니지만, 나무라는 형상에 종속될 수 있다. 그리고 이 형상, 형식이 바로 책상의 기능을 규정한다.

이러한 형식을 통해 "현실의 의미가 변화된다". 현실은 인과 법칙의 지배를 받는다는 점에서 자율적인 영역으로 머물지만, 또한 "상대적으로 형태 없고, 시공간적인 거리를 무시하는 마법적 세계관으로부터 구조화된, 부분적으로 변화 가능한 순수 가능성의 질서로" 변화하게 된다.[26]

마법에서 기술로의 이행 과정

앞에서 살펴본 도구와 언어는 "인간 정신의 창조물"이지만, 이들이 탄생한 시점에는 아직 신화적 관점이 지배적이었고, 이 둘이 인간의 창조물이라는 사실을 깨닫지 못했다. 그래서 이들을 신의 선물로 간주했다. 신화를 보면 언어는 사물들을 지칭하는 것이 아니라 신들의 이름이었고, 도구는 프로메테우스 신화 속에서 신에게 속한다. 구체적으로 헤시오도스, 플라톤, 아이스퀼로스의 저작을 보면 아테네와 헤파이스토스가 기술을 관장한다. 이 기술은 인간의 생존을 위해 필요한 도구적 기술이다. 제우스는 생존을 넘어 정치적인 기술을

---

26 Felix Alexander Herzog, *Der Geist der Technik. Eine kritische Phänomenologie der Technik*, p. 122.

관장한다.[27] 프로메테우스는 신들에게서 기술을 훔쳐 인간에게 준 티탄족 신이다. 이에 대한 대가로 독수리가 하루 동안 자라난 간을 쪼아 먹는 형벌을 받게 된다. 프로메테우스가 기술을 훔친 이유는 인간을 사랑하기 때문이다. 이에 반해 제우스는 종종 인간을 세상에서 멸절시키는 신으로 묘사된다. 프로메테우스는 티탄족으로서 제우스에 패배한 신 그룹에 속하면서도, 제우스에 대항해 인간을 구원하는 신이다.

이처럼 기술은 신화적 세계상에서 신의 선물로 그려진다. 처음부터 기술은 신에 속한다. 프로메테우스의 도움이 없었다면 인간에게 기술은 없었고, 인간은 생존의 위협에서 벗어날 수 없었을 것이다. 하지만 이러한 "신화적 어두움"은 인간이 도구를 제작하고 사용하고 변형하게 되면서 사라지게 된다. 인간은 점차 자기를 기술의 지배자로 인식하게 된다. 기술은 신의 선물이 아니라 인간의 창조물로 인식된다. 인간은 기술의 창조자로서, 기술적 도구 속에서 신의 흔적이 아니라 자기 자신을 인식하게 된다. 도구를 갈고 닦고 개선하면서 인간은 자기 자신이 점점 더 발전하고 있음을 확인하게 된다. 도구의 발전은 곧 자기의 발전이기 때문이다. 그래서 인간은 스스로 "점진적으로 증가하는 자기-의식의 고유한 강화를 체험한다".

그래서 인간은 기술을 통해 "한계 없는 창조의 길 위에" 서게 된다. 마법적 세계관에서 완전히 벗어나 자연법칙을 존중하면서도 이를 이용하여 자신이 구상한 형상에 자연 소재를 종속시킨다. 자연은

---

27 이에 관해서는 조창오, 「기술과 관계맺기」, 『초연결 시대. 관계의 상전이 연구』, 앨피, 2023, 35~44쪽 참조.

인간이 구상한 형상 앞에서 변형할 수 있는 재료가 된다. "기술적 창조"를 통해 인간은 현실에 "자신의 세계"를 세우고, 이를 통해 자기를 인식하게 된다. 이러한 창조의 길엔 어떠한 목표 지점도 존재하지 않는다. 이는 열린 길이며, 무한히 확장되는 길이다. 기술을 제작하고 사용하는 행위를 통해 인간은 새로운 세계를 구성한다. 기술은 상징적 형식으로서 형상에 맞게 변형될 자연적 소재의 세계와 기술적 도구를 통해 구성되는 인공적 세계를 형성한다. 곧 기술은 형식으로서 형식에 맞는 세계를 창조한다. 여기서 이러한 기술적 행위의 의미는 기술적 도구나 이 작품이 성취한 결과에 있는 것이 아니라 "형식" 자체에 있다. 어떤 형식을 창조하느냐에 따라 구성되는 세계가 달라진다. 그래서 결과로서 구성된 세계가 중요한 게 아니라 이를 구성하는 형식이 중요하다. 어떤 형식을 창조하느냐에 따라 인간이 구성하는 세계가 달라지고, 이 구성된 세계 속에서 인간은 자신의 형식을 재발견한다. 이 형식은 바로 정신의 자유로운 활동성을 가리킨다. 형식을 형식으로 인식함으로써 인간은 자신을 자유로운 정신적 존재로 인식하게 된다.

3. 기술에 의한 인간 예속 현상 비판

기술적 창조의 성취가 객관 세계를 구축한 것은 맞다. 하지만 이 성취가 오히려 오늘날 기술을 문제 있는 것으로 이끈 것은 아닐까? 기술 발전을 통해 우리는 자연을 더욱더 장악하고 자연의 신비를 더 해명했고, 자연을 바탕에 둔 채 자신만의 문화적 세계를 건립했다.

이 문화적 세계를 보면서 인간은 자기 자신을 인식하게 되고, 자신을 더 잘 이해하게 된다. 물론 문화적 세계는 오로지 개별자의 사용에 의존하여 유지 보존되기 때문에 불안정한 상태에 있다. 앞에서 언급했듯 기술적 도구는 오로지 개별자가 사용함으로써 자기 기능을 수행하게 된다. 개별자의 사용은 매우 다양한 목적을 위해 다양한 방식으로 이루어지기 때문에 기술적 도구의 기능은 고정되지 않으며, 확장, 변형의 과정을 무수히 거치게 된다. 이러한 과정을 통해 기술적 도구는 계속 변형, 개선, 교체되기 마련이다. 이에 따라 문화 세계는 계속 수정될 것이고, 인간의 자기 인식도 이에 맞게 계속 갱신될 것이다.

하지만 논문 첫 부분에서 문제제기했듯, 기술이 건립한 객관 세계는 인간에게 매우 낯선 것처럼 보인다. 먼저 인간은 기술적 도구가 작동하는 인과 법칙에 종속된 것처럼 보인다. 여기서 카시러는 논문의 앞부분에서 제기한 '기술지배체제'론을 다시 거론한다. 인간은 기술을 통해서만 세계에 대한 지배권을 행사할 수 있다. 이러한 세계지배를 위해 더욱더 복잡한 기술적 도구를 발전시킨다. 하지만 도구는 자연법칙에 따라 작동하며, 인간이 도구의 한 부분으로 기능하게 되면서 인간의 자유는 사라지고, 오히려 인간이 사물의 법칙에 종속되는 "인간의 소외"가 발생한다. 인간은 스스로 생각하기에 자유로운데, 기술과의 관계에서는 이러한 자유를 내세우지 못하고 자연 필연성에 순종해야 한다. 기술이 점점 더 자연을 지배하게 되면서, 이제 원초적인 자연은 사라지고 있다. 자연은 기술적 가공을 위한 소재로 전락하며, 자체 의미를 잃어버린다. 인간 또한 자연적 신체를 가진 이상 기술에 의한 자연 지배에 두려움을 느낄 수 있다. 이러한 기술에 의한 인간 종속, 기술에 의한 자연의 소재화 문제는 카시러가 이 부분에서 다루는 중심 주제다. 이를 해결하는 것이 바로 이 논문의 주요 과제 중 하나다.

카시러는 기술의 의미 물음과 가치 물음을 구별했다. 기술에 의한 인간의 종속 문제는 바로 기술의 가치 물음과 연관된다. 이는 기술이 가져온 결과이다. 하지만 기술의 결과를 통해 기술을 평가해선 안 된다. 오히려 우리는 기술의 의미 물음을 통해 기술의 기능을 살펴야 하며, 이 기능과 비교했을 때 우리가 현재 목도하는 기술의 결과가 과연 기술의 의미에서 온 것인지를 평가해야 한다. 그래서 기술에 의한 인간의 종속이라는 결과만을 가지고 기술을 평가하는 것은 온당치 않다. 오히려 우리는 기술의 의미, 그리고 이로부터 도출되는 기술의 기능이 무엇인지를 물어야 한다. 그리고 이 기능 물음은 궁극적으로 기술이 인간의 인간됨에 무엇을 기여했는지로 향하며, 이는 결국 "인간의 행복 추구"와 연결된다.

기술은 인간성 향상, 즉 인간의 자기 인식에 도움을 주는가?

카시러는 자연적 존재로서의 인간이 상징적 형식을 창조함으로써 자연적 존재 이상의 존재로 도약한다고 생각한다. 이는 우리가 마법에서 도구로의 이행 과정을 통해 살펴볼 수 있다. 자연이라는 객관 세계와 자기를 구별하지 못하고 이를 하나로 느끼는 단계가 마법이라면, 도구를 사용하는 단계에선 이러한 구별이 비로소 시작된다. 하지만 상징적 형식은 단순히 인간의 피조물로 남는 게 아니라 오히려 인간성을 가능케 하고 이를 규정하는 기능을 담당한다. 상징적 형식은 정신적 에너지의 자기 형태화 과정을 통해 생긴다. 인간이 창조한 것으로서, 인간은 이 형식의 창작자다. 하지만 상징적 형식은 단순히 피조물로 남아 있는 것이 아니라 도리어 인간의 인간성을 형성하고 이를 발전시킨다. 말하자면 상징적 형식은 "인간 생성론"(Anthropogonie)의 기초다.

　이를 보여 주기 위해 카시러는 우선 다른 분야인 예술과 언어를 통해 인간이 어떻게 자기 자신을 규정해 왔는지를 살펴보려 한다. 카시러는 기본적으로 상징적 형식 전체가 인간성을 형성하는 기능을 하는 것으로 본다. 그것의 예가 바로 예술과 언어이며, 이를 보더라도 상징적 형식 일반은 인간성 향상에 기여한다. 물론 기술만이 예외적으로 인간의 자기 개선에 기여하는 것이 아니라 인간의 자기 소외를 강화하는 것처럼 보인다. 기술이 발전하면 할수록 인간은 기술에 종속되며, 그래서 인간은 점점 더 자유를 잃고 있는 것처럼 보인다. 하지만 기술이 상징적 형식 중 하나라면 기술은 또한 인간성 향상에 기여해야 한다. 앞에서 카시러는 의미 물음과 가치 물음을 구별했는데, 바로 의미 물음에 대한 답변이 바로 이 내용이다. 모든 상징적 형식의 의미는 바로 인간성 향상에 있다. 그리고 기술이 만약 상징적 형식의 하나라면, 그 의미는 동일해야 한다. 여기서 당위적 표현은 불가피하다. 카시러가 보기에 당시 기술의 현주소는 기술에 의한 인간 종속 현상이다. 이러한 기술의 지배적인 경향은 기술에 대한 철학적 파악을 통해 변화될 수 있다는 게 카시러의 신념이다. 말하자면 기술에 대한 철학적 반성은 기술의 현재적 경향 밑에 숨겨진 기술의 고유한 가능성을 부각시킨다. 이를 통해 기술의 "질적 변형"이 이루어진다.

실러에 따르면 예술은 "인간성"의 고유 영역을 개방시킨다. 인간은 항상 감각적 충동과 이성적 사유, 감각 충동과 형식 충동 사이에서 방황한다. 감각 충동은 순간적인 감각에만 집중하는 반면 형식 충동은 머무는 보편적 형식에 집중한다. 예를 들어 인간은 뭔가를 감각적으로 원하지만, 이성은 이를 금지한다. 하지만 자신이 감각을 통해 원하는 바와 이성이 지시하는 형식 충동이 서로 일치하는 것은 불가능할까? 이러한 감성과 이성의 일치는 둘 간의 상호작용을 통해 가능해지는데, 실러에 따르면 이는 인간이 놀 때만 가능하다. 우리가 놀 때, 즉 유희충동에 이끌릴 때, 감각 충동과 형식 충동은 서로 일치한다. 이러한 유희충동은 인간에게 주어져 있는 것이 아니라 오직 미적 교육을 통해 가능해진다는 것이 실러의 생각이다. 예술 작품을 감상하면 할수록, 즉 예술을 통한 유희를 점점 더 경험할수록, 인간은 감성과 이성의 동시적인 발전과 더불어 두 능력의 조화를 더 경험하게 된다.[28] 예술은 인간의 완성된 측면을 이미 보여주고 있으며, 인간은 예술 작품을 감상하면서 자신의 인간성을 점점 더 고양시킨다. 즉 예술이라는 상징적 형식은 감성과 이성이 서로 갈등하지 않고 일치하는 인간을 형성한다.

헤르더와 훔볼트는 언어가 인간성의 형성에 기여한다고 주장한다. 헤르더나 훔볼트는 언어가 단순히 사유를 표현하기 위한 수단이 아니라 언어 자체가 사유를 규정한다고 주장한다. 언어는 한 민족의 역사적 세계상을 담고 있는 체계다. 언어는 이미 하나의 생각

---

28 이에 대해선 조창오, 「현행 교양교육 이념과 실러와 헤겔의 예술교육」, 『철학논총』 제92집, 2018, 261~282쪽 참고.

의 체계로서 인간 자신을 반영하고 있으며, 언어를 통해 인간은 자기 자신을 인식하게 된다. 이러한 자기 인식을 통해 인간은 자기 개선의 여지를 갖게 된다.

하지만 "기술적 작용 영역"이 동일한 기여를 하고 있다고 할 수 있을까? 기술은 상징적 형식의 하나로서 인간을 인간답게 형성하며, 인간성을 고양시키고 있는가? 겉으로 보기에 기술은 인간 "바깥으로만 나아가려는 노력"에 불과하다. 기술은 인간 바깥에 있는 사물 세계를 건립하며, 이는 인간성 형성에 기여할 수 없는 것처럼 보인다. 오히려 인간은 기술이 건립한 사물 세계에 종속되어 자유를 잃고 있는 것처럼 보인다.

하지만 기술적 사물 세계가 인간 바깥에 있는 것이라 볼 수 없다. 왜냐하면 기술적 대상 자체가 인간 정신의 작품이며, 그래서 기술적 사물 속에서 인간은 자기의 흔적을 발견하면서 자기를 인식할 수 있기 때문이다. 그래서 기술적 작용은 바깥으로 나아감이면서 동시에 "내면으로의 돌아감"이다(70/49). 여기서 기술이라는 바깥과 이를 제작하고 사유하는 인간과의 "상호적으로 규정하는 것"(71/49)이 중요하다고 카시러는 강조한다. 그렇다면 "나에 대한 지식은 특별한 의미에서 기술적 **행위**의 형식과 연관된 것처럼 보인다"(71/49). 즉 기술은 예술과 마찬가지로 "인간성의 창조자"이며, 예술 영역에서처럼 "상상력의 자유로운 유희"가 기술 영역에서 작동한다.[29]

---

29 Aud Sissel Hoel, "Technics of Thinking", p. 80.

이제부터 카시러는 기술이 상징적 형식으로서 인간의 자기 인식 및 자기 개선에 기여한다는 점을 강조하기 위해 다양한 의견을 참조한다. 에른스트 카프, 카를 마르크스, 프란츠 뢸로(Franz Reuleaux), 게오르크 지멜(Georg Simmel)의 논의를 소개하면서 그는 궁극적으로 기술이 상징적 형식의 하나임을 강조하고 이것이 상징적 형식 일반처럼 인간성 형성 및 인간성 개선에 기여한다는 점을 밝히려 한다.

카프의 사례: 기술은 나에 대한 신체적 지식을 준다

카프는 『기술철학 개요』에서 기술적 대상이 "나에 대한 지식"을 얼마나 제공하는지를 자세히 밝힌다. 구체적으로 기술적 행위를 통해 인간은 자기 신체, 그 기능에 대한 의식을 얻게 된다. 왜냐하면 기술이란 무의식적인 기관투사를 통해 자기 신체를 모방한 사물을 제작하는 행위이기 때문이다. 물론 카시러는 카프가 자신의 기술철학에서 전제하고 있는 형이상학적인 측면을 비판한다. 무의식이 기술 제작의 주체라는 카프의 주장이 그 비판 대상이다. 그럼에도 카프는 정당하게 인간이 기술을 통해 자기 자신을 인식할 수 있다는 측면을 밝히고 있다. 기술이 신체의 복제물이라면, 기술적 사물을 잘 알게 됨에 따라 우리는 신체의 비밀을 알게 된다. 하지만 카시러는 막스 아이트의 의견과 같이 카프의 기관투사 이론을 매우 비판하는데, 왜냐하면 이 이론은 도구를 인간의 유기적 현존재의 "단순한 연장"이라고만 보기 때문이다.

자율성을 획득하는 기술의 발전과정

카프와 달리 마르크스는 "기술의 유기적 한계로부터의 해방" 법칙을 제시한다.[30] 첫 번째 도구가 유기적 원상의 모방이라면, 현대의 첨단 기술 장비는 이 원상으로부터 해방되어 멀리 나아간다. 카시러는 프란츠 뢸로를 인용하면서 초기의 도구가 자연 모방의 결과라면 현대의 기계구조는 자연 모방에서 벗어나 인간이 스스로 창조한 형식이라 강조한다. 기술은 더 이상 자연에 의존하지 않고 자신만의 방식으로 "새로운 질서", 새로운 작용방식을 선택한다. 예를 들어 "비행 문제"도 새의 움직이는 날개를 모방하는 것에서 벗어나서야 비로소 해결되었다.

카시러는 이처럼 기술이 자연적 대상을 모방하면서 시작되었지만 계속 발전하면서 자신만의 형식을 갖춘다는 점을 강조하고 있다. 이러한 기술의 발전은 언어의 발전과 그 형태적인 측면에서 유사하다. 기술과 언어 사이에는 "놀라운 유비"가 존재하는데, 그것은 "자연과의 가까움"으로부터 계속 멀어진다는 것이다(74/52). 언어 또한 그 "시작점에서는" "사물의 직접적이고 감각적인 인상을 그대로 전하려고" 했다. 의태어가 객관적인 사물을 흉내 낸다고 한다면, 의성어는 인간의 마음을 모방한다. 하지만 언어가 발전하면 할수록 "직접적인 의존관계"에서 벗어나 의성어나 의태어를 버리고 "순수

---

30 헤어초크에 따르면 이 표현은 에버하르트 치머로부터 유래한다. 카시러는 치머가 이 표현을 마르크스와 관련시킨다는 점에서 이 표현의 원작자로 마르크스를 지목하고 있는 셈이다. Felix Alexander Herzog, *Der Geist der Technik. Eine kritische Phänomenologie der Technik*, p. 129, 주 429 참조.

상징", 즉 순수 기호가 된다. 기호는 자연의 어떤 대상과도 유사하지 않은 정신의 창조물로서, 자신이 스스로 만든 형식이다.[31] 이러한 논의를 통해 카시러는 이러한 형식의 측면에서 기술의 과정이 "문화 발전 전체를 지배하는 일반적인 규칙을 따른다"는 결론에 이른다.

최초의 노동에서 매개적 노동으로의 이행

하지만 이처럼 기술이 자연 유기체와 멀어지고 인간이 창조한 형식을 갖추게 되는 과정은 끊임없는 투쟁의 연속이었다. 상징적 형식의 구성도식에 따라 기술은 모방적, 유비적, 그리고 순수 상징적 단계로 나아간다. 최초의 노동은 도구 없이 이루어졌지만, 최초의 도구는 인간의 신체를 모방한 수준이었다. 최초의 도구를 개발한 원초적 인간의 단계에서 "자기 신체의 리듬 운동의 원형적 형식"과 노동이 일치했다. 농사는 자연의 순환 과정에 묶여 있다. 자연이 주는 조건에 자신을 완전히 맞춰야 한다. 도구는 자연을 모방하는 단계에 있다. 구성도식에 따르자면 이때 기술은 모방적 단계에 있다. 이러한 원초적인 농사와 달리 스마트팜은 완전히 다른 양상을 보여 준다. 자연적 조건이 아니라 인공적 조건을 마련하고, 이 조건을 스스

---

31 헤어초크는 여기서 상징적 형식의 "비판적 현상학"에서 중요한 역할을 하는 상징적 형식의 구성도식인 "모방적, 유비적, 그리고 순수 상징적" 도식이 이 부분에서 적용되고 있다고 해석한다. 언어처럼 기술적 도구 또한 자연 대상을 모방하는 것으로 시작하다가, 인간이 도구를 자신의 유기적 생 속에서 통일하는, 즉 도구를 자기 신체 일부로 여기는 유비 단계로, 그리고 인간이 기계의 일부가 되는 순수 상징의 단계로 나아간다. Felix Alexander Herzog, *Der Geist der Technik. Eine kritische Phänomenologie der Technik*, pp. 130~131.

로 통제함으로써 재배가 이루어진다. 자연의 리듬에 맞추는 노동은 세계와 인간의 직접적인 관계를 전제한다. 인간과 자연은 하나이며, 둘은 서로 맞춰야 한다. 봄이 되면 씨를 뿌리고 가을이 되면 수확한다. 자연의 변화에 인간은 단순히 순종할 뿐이다. 이에 반해 스마트팜의 경우 인간은 자연의 변화에 단순히 순종하지 않는다. 오히려 인위적인 조건을 스스로 구성하여 재배한다. 이는 매개적 노동이다. 여전히 자연적 재료를 이용하지만, 인간은 자연과 직접적으로 하나가 아니라 기술적 장치를 통해 자연을 지배한다. 기술적 장치는 매개로서 자연을 인공적으로 구성하면서 인간과 자연을 이어 준다. 여기서 인간은 이 매개를 통해서만 자연을 다룬다. 스마트팜은 순수 상징적 단계의 기술을 잘 보여 준다.

이처럼 직접적 노동에서 매개적 노동으로 이행하는 과정은 많은 시간이 필요하다. 기술의 두 번째 단계는 바로 가내 수공업의 단계로서, 여기서 도구는 단순히 인간의 신체를 모방한 수준에서 벗어난다. 하지만 도구는 순수 상징적 단계의 도구와 구별되는 유비적 단계에 있다. 즉 도구는 인간이 다루는 수단에 불과한 것이 아니다. 오히려 인간은 도구와 함께 자라나고, 도구와 한 몸이 된다. 도구는 대대로 물려받으며, 어릴 적부터 친숙해지면서 다룰 수 있게 된다. 도구를 사용하는 지식은 도구와 얼마나 시간을 보냈는지에 따라 결정된다. 이처럼 도구와 인간이 혼연일체가 되는 것은 수공업자의 경우에 해당한다. 수공업자는 자신이 만든 작품에 혼을 불어넣는다. 이는 자기 작품이며, 단순한 도구가 아니다. 수공업자는 자기 자식인 작품과 이어져 있다. 첫 번째 도구는 모방적 단계의 기술로서 자연 대상을 모방한 것에 지나지 않는다. 예를 들어 인간의 신체를 모방한 것이 첫 번째 도구다. 하지만 이러한 모방의 단계에서 벗어나 도구는 점점 더 자신만의 형식을 갖추게 된다. 가내 수공업의 단계에서 도구는 친숙함의 대상이며, 인간의 신체와 여전히 유비적이지만, 그것을 모방한 단계는 아니다. 자기 신체를 모방하진 않았지만, 여전히 도구는 어릴 적부터 알아 왔고, 자기 신체의 일부를 형성한다.

하지만 순수 매개적 노동의 단계로 넘어가면서 기술적 도구는 단순한 도구, 즉 기계가 되며, 인간은 기계의 한 부분이 되어 버린다. 도구는 이제 더 이상 인간과 하나가 아니라 사물 세계에 속하며, "자신의 고유 법칙에" 따른다. 그리고 이것이 현대기술이 일으키는 문제의 근원이다. 즉 인간이 기계의 부속품이 된다.

질베르 시몽동은 후에 카시러의 이러한 세 가지 단계 구분을 두 단계로, 즉 "아이가 습득한 기술과 어른이 사유한 기술"로 정리한다. 아이가 도구와 함께 자라나면서 도구 사용 노하우를 익힌다면, 어른은 백과사전을 통해 과학기술의 지식을 습득한다. 즉 도구와의 일치가 초기 단계의 기술이라면, "유기적 한계"로부터 벗어난 기술 단계에서 기술은 하나의 지적인 대상이 된다.[32]

여기서 카시러는 묻는다. 오직 기술만 이러한 인간 소외 현상을 발생시켰는가? 혹은 이러한 인간 소외 현상은 문화, 즉 모든 상징적 형태의 발전이 가져오는 당연한 결과 아닌가? 여기서 카시러는 이 점을 논의하기 위해 지멜을 끌어들인다.

---

32 Gilbert Simondon, 『기술적 대상들의 존재 양식에 대하여』, 김재희 옮김, 그린비, 2011, 130~137쪽.

지멜의 "문화의 비극"

지멜에 따르면 인간 주체는 자연과의 동일성에서 그대로 머물지 않고 끊임없이 더 나은 존재가 되려 한다. 이 자기완성 과정은 예술, 학문, 기술 등 객관적인 형태인 문화를 건립하는 과정이다. 인간 주체가 자연과 하나일 때, 즉 스스로가 자연적 존재로 살아갈 때, 인간에게는 어떠한 개선도 존재하지 않는다. 하지만 주체는 이러한 근원적인 자연과의 동일성에서 벗어나 자신을 문화적 존재로서 발전시키면서 자기 정신을 객관적인 형태로 객관화한다. 객관화된 형태는 바로 객관화된 자기라고 할 수 있다. 주체는 객관화된 형태인 문화 속에서 자기를 보면서 자기를 인식하게 된다. 여기서 객관화된 자기는 객관적인 형태 속에 고정된 자기인 반면, 이를 인식하고 있는 주체는 끊임없이 유동하는 자기이다. 유동하는 자기는 고정된 자기를 보면서 자기와의 공통점과 차이점을 동시에 발견하게 된다. 문화란 바로 주체와 객체의 일치이다. 하지만 주체와 객체 간에는 항상 차이가 있을 수밖에 없다. 객관적인 문화는 고정되어 있지만, 주체는 유동적이기 때문이다. 그래서 주체와 객체의 일치가 달성되자마자 이 일치는 곧바로 균열을 내고 깨어질 수밖에 없는데, 지멜은 이를 "문화의 역설",[33] 문화의 "비극"[34]이라 부른다. 여기서 카시러는 지멜의 "현대 문화의 비극" 논의에서 자아가 자신이 생산한 객관적 세

---

33 Georg Simmel, "Der Begriff und die Tragödie der Kultur", *Gesamtausgabe, Bd. 14, Hauptprobleme der Philosophie, Philosophische Kultur*. Hrsg. von Rüdiger Kramme und Otthein Rammstedt, Frankfurt am Main 1996, p. 389.
34 Ibid., p. 402.

계를 지배하지도 통제하지도 못한다는 점을 강조한다. 결국 인간이 자기를 더욱 완성하기 위해 자기를 객관화하여 문화를 건설하지만, 이 문화가 인간의 자기완성에 도움을 주기는커녕, 인간을 파괴하고 종속시킬 때 "문화의 비극"이 발생한다. 지멜은 이 비극 속에서 인간의 '몰락'을 보고 있다.

이러한 지멜의 논의를 카시러는 "정신의 매개성과 생의 직접성"의 갈등으로 해석한다(78/57). 말하자면 생의 직접성이란 인간의 원초적인 생, 즉 자연과 하나인 상태를 의미한다. 이때의 인간은 자연적 존재로서 자연이라는 큰 틀 안에 다른 자연적 존재와 더불어 살아간다. 하지만 이러한 자연적 생은 어떠한 개선도 없으며, 다른 자연적 생과 구별되지 않는다. 인간은 자연과 하나인 채 살아간다. 하지만 인간은 문화적 존재가 되어 상징적 형식을 창조하면서 세계와 매개적 관계를 맺는다. 상징적 형식은 인간과 세계를 매개하는 매체로서, 세계를 구성하는 기능을 수행한다. 기술은 그중 하나로서 사물 세계를 형성한다. 하지만 이러한 사물 세계는 인간이 볼 때 자기 자신과 일치하지 않는다. 즉 사물에 의한 인간 소외 현상이 발생한다. 하지만 자연과 하나일 때엔 어떠한 소외도 발생하지 않았기에 인간은 자연과 하나가 되었던 시절을 회상한다. 과거의 자연상태를 이상화하는 이러한 경향은 문화 속에서 인간이 소외를 경험할 때 생겨난다. 이것이 바로 카시러가 지멜을 해석하는 방식이다.

물론 이런 식으로 해석하는 것은 부당하다.[35] 지멜에 따르면 인

---

35 Felix Alexander Herzog, *Der Geist der Technik. Eine kritische Phänomenologie der Technik*, p. 129, pp. 75~76.

간은 "생의 직접성"에 머물려 하지 않고, "정신의 매개성"을 바탕으로 한 확장된 통일로 나아가고자 한다. 말하자면 인간은 "생의 직접성"에서 자발적으로 벗어나 스스로 객관적인 문화 세계를 건립하고, 이를 통해 자신을 더욱 완성하려 한다. 이 과정에서 불가피하게 "문화의 비극"이 발생한다고 지멜은 진단했을 뿐이다. 물론 지멜은 인간이 자신의 몰락을 넘어설 수 없으며, 그래서 필연적으로 "문화의 비극"을 경험한다고 주장한다.

독일 낭만주의는 대표적으로 "정신의 매개성"을 비판하고, "생의 직접성"으로 다시 돌아가려는 경향을 대표한다. 인간 정신의 행위는 문화를 건립하고, 문화는 자연의 통일성 상태를 파괴하며 이 상태로부터 멀어진다. 하지만 낭만주의는 자연의 통일성이야말로 인간이 추구해야 할 이상향이라고 주장한다. 초기 셸링은 이러한 낭만주의의 주장과 달리 문화를 건립하고 문화 속에서 인간이 자기 자신을 발견하고 인식하게 된다면, 이는 자연상태와 동일하다고 주장한다. 말하자면 "동일성의 철학"이다. 자연상태에 머물든 혹은 인간이 제대로 된 문화상태를 건립하든, 두 상태는 본질적으로 동일하다는 것이다. 즉 인간이 문화를 건립하면서 자연으로부터 벗어난다고 생각하지만, 이는 착각이라는 것이다. 곧 문화를 통해 인간은 자연과의 동일성을 재현한다. 물론 후기 셸링은 이러한 주장을 철회하고 독일 낭만주의의 주장을 채택한다. 이에 반해 헤겔은 자연상태에 있는 자연적 존재로서의 인간이 진정한 인간이 아니며, 오히려 이러한 상태로부터 자발적으로 빠져나와 문화적 존재로서 문화를 건립한다고 본다. 문화 속에서 인간은 자기 자신을 발견하기도 하지만, 일시적으로 자기 소외를 경험할 수도 있다. 그래서 문화를 제대로 인식하고 변화시켜 이러한 소외 현상을 없애야 한다는 게 헤겔의 생각이다. 카시러는 헤겔의 입장을 채택하고 있으며, 그래서 소외 현상은 우리가 극복할 수 없는 한계가 아니다. 이 지점에서 카시러의 지멜 비판은 의미가 있다고 볼 수 있다. 카시러의 이 논문은 바로 지멜의 "문화의 비극"에서 내린 진단, 즉 '인간은 자기완성을 위해 문화를 건립했지만, 이 문화가 도리어 인간을 파괴하고 있고, 인간은 어쩔 수 없이 몰락한다'는 점을 비판하고 있다. 지멜의 진단대로 인간의 소외 현상은 불가피하게 발생한다. 왜냐하면 인간은 자기를 완성하고자 하기 때문이다. 이 완성을 위해서는 객관적인 문화 건립이 필수적이다. 이 과정에서 인간의 소외 현상이 발생하지만, 이는 최종적인 결과가 아니다. 기술을 상징적 형식으로 파악하고, 기술의 의미와 기능을 파악하게 된다면, 우리는 기술이 보여 주는 표면적인 양상 뒤에 숨어 있는 또 다른 가능성에 주목하지 않을 수 없다. 그리고 이는 결국 인간성의 고양으로 이어진다.

문화에서 인간의 소외 문제와 자유

이러한 지멜의 논의를 가져오면서 카시러는 "비극"이 전반적인 현대 문화의 경향이며, 현대적 기술 발전은 그 사례 중 하나에 불과하다는 점을 강조한다. 물론 현대기술은 이 경향을 매우 명료하게 보여 준다는 점에서 다른 영역과는 구별된다. 그렇다고 해서 현대기술을 그렇게 강조할 필요는 없다. 모든 상징적 형식은 이러한 문화의 비극 사태를 일으키는 것처럼 보인다. 하지만 이것이 비극으로 끝난다고 단정해선 안 된다. 비극은 일시적인 과정에 불과하다. 이 비극을 이해하기 위해서는 문화의 전반적인 경향성, 상징적 형식 일반이 가지는 특성을 이해해야 한다. 즉 비극은 인간이 더 나은 존재가 되기 위한 과정에서 발생한다. 인간은 더 나은 존재가 되기 위해 문화를 창조했고, 여기서 비록 소외 현상이 발생하여 인간이 몰락하고 있는 것처럼 보이지만, 이는 더 나은 존재가 되기 위한 일시적 과정에 불과하다.

이를 통해 "기술의 가치와 무가치에 관한 물음"은 "다른 의미"를 얻게 된다. 독일 낭만주의의 주장처럼 기술 자체를 반문명적 혹은 반현대적 관점에서 비판하는 것은 의미가 없다. 기술이 아예 없었을 때가 더 좋았다는 식으로 말하면서 기술을 폄하하는 것은 문화 자체를 부정하는 것이다. 하지만 인간이 더 나은 존재가 되길 원한다면, 즉 자연적 존재로서가 아니라 문화적 존재로서 살아가고자 한다면, 기술이 문제가 아니라 문화 전체가 문제다. 현대기술이 일으키는 인간 소외 현상은 문화 전체의 관점에서 바라보아야 한다. 여기서는 기술에 대한 "쾌와 불쾌", 기술로 인한 "행복과 불행"이 문제가 아니다. 바로 정신의 자기 소외, 정신이 자연으로부터 자기 해방을 위해 세운 문화 전체가 오히려 인간을 자기 소외, 사물 세계에의 종속으로 이끌어 가는 것이 문제다.

인간은 정신을 객관화한 문화를 건립했다. 문화는 자기 작품이다. 문화는 객관화된 자기 자신임에도 불구하고, 그것이 항상 자기와 일치하지는 않는다. 이때의 기준은 바로 "생의 직접성" 속에 있는 통일성이다. 자연과 하나, 도구와 하나인 상태에선 어떠한 불일치, 소외도 존재하지 않는다. 그런데 이러한 불일치가 사실은 문화 발전의 원동력이기는 하다. 인간이 항상 똑같은 자기 모습만을 객관화하고, 동일한 자기 자신을 작품 속에서 보게 된다면, 인간은 자기를 개선할 필요가 없게 된다. 하지만 인간은 더 나은 존재가 되고자 하며, 항상 같은 모습만을 보길 원치 않는다. 그래서 자신을 객관화하면서 이를 통해 자신을 개선하고자 한다. 하지만 객관화된 자기 자신은 자기와 불일치한다. 이를 우리는 경험을 통해서도 잘 알고 있다. 우리가 어떤 글을 쓴다고 상상해 보자. 자신이 쓴 글은 자기 작품이다. 쓰고 난 뒤에 다시 읽어 보면 글이 만족스러울 수 있다. 하지만 오랜 시간이 지난 뒤에 다시 같은 글을 읽어 보면 우리는 뭔가 불일치를 발견하게 된다. 이 불일치의 원인은 글을 쓴 자기 자신이 끊임없이 변화하고 있기 때문이다. 글을 쓰는 도중에도 인간은 변한다. 그래서 고정적인 글은 분명히 글쓴이의 분신이긴 하지만 결국 글쓴이의 생각과 일치하지 않는다. 문화가 자기 작품임에도 불구하고 불일치한다면 인간은 문화를 다시 변화시켜야 한다. 하지만 만약 인간이 문화에 종속되어 있는 상태라면 어떠한가? 기술의 사례가 이를 잘 보여 주고 있다. 하지만 이는 기술의 경우만 그런 것이 아니다. 예를 들어 예술에서도 우리는 항상 현대적인 예술 작품을 보면서 현시대의 예술적 경향을 확인한다. 이 경향을 통해 우리는 인간을 이해하게 된다. 한편으로 예술가나 관객은 이러한 예술적 경향에 지배받는다. 인상주의가 한참 인기 있던 시기에 사람들은 이 인상주의적 화풍에 지배받고 있었다. 이때에는 인상주의적 방식으로 세계를 바라보는 것이 하나의 시대적 경향성이었고, 이는 하나의 '형식'이었다.[36]

---

36 Ernst Cassirer, 『문화과학의 논리』, 박완규 옮김, 길, 2007, 182쪽 이하.

형식은 구조주의의 '구조'처럼 개인의 자의적인 작품이 아니라 오히려 개인을 지배한다. 개인은 형식 안에서 태어난다. 물론 역사적으로 인상주의는 신고전주의적인 양식이 지배적인 시대에는 그림 취급도 받지 못했다. 하지만 시대가 바뀌어 인상주의가 주류 화풍이 되면서 시대적 경향을 장악했다. 인간은 언제나 문화에 의해 장악된다. 하지만 이는 동전의 한 면에 불과하다. 인간은 자신을 장악하고 있는 문화에 종속해 있지만, 또한 그것으로부터 자유롭기도 하다. 즉 인간은 스스로 문화로부터 거리두기를 하면서 이 문화를 사유할 수 있는 자유를 지닌다. 인상주의적 경향 또한 영원하지 못했으며 다른 경향에 의해 밀려났다. 잠시 인상주의적 경향에 장악된 것처럼 보여도, 이는 일시적인 과정에 불과하다. 이처럼 인간은 문화에 대해 자유와 비자유의 상태에 있다. 그래서 기술과 인간의 관계에서 중요한 것은 기술의 유익이 아니라 인간의 정신이 기술로부터 자유로운지 아니면 자유롭지 못한지이다.

카시러는 문화 일반에서 인간의 자유와 비자유의 문제를 다룬다. 한편으로 인간은 자신의 인간성을 고양하길 원한다. 이는 바로 "행복 추구"와 연결된다. 인간성 고양이 기술의 의미라면, 행복은 그 결과다. '행복'과 관련해서 현대기술의 발전은 다른 문화 부문과 비교해 매우 돋보인다. 기술은 인간의 실질적인 삶의 조건을 개선해 왔다. 하지만 기술은 사물 세계이며, 인간의 노동을 일정 방식으로 강제해 인간 소외 현상을 발생시켰다. 사물 세계는 낯선 것으로만 보이고, 인간은 계속 세계와 거리를 느껴 스스로 움츠러들며, 기계의 요구에 스스로를 맞춰야 한다. 이러한 기술에 의한 인간의 종속 문제가 심각하긴 하지만, 카시러는 이를 너무 절대화할 필요가 없다고 주장한다. 인간은 자유롭기 때문이다. 자유에 대한 신념은 이러한 종속을 일시적인 문제로 만든다. 인간은 자유롭기에 기술에 종속당한 상태에 머무르지 않으며, 기술에 대한 반성을 통해 자신의 자유를 실현하며, 기술의 의미를 찾기 마련이다. 지금 카시러의 기술철학은 기술을 사유함으로써 현대기술의 경향이 일시적이며, 이는 인간이 창조한 형식이라는 점에서 다시 변형할 수 있음을 주장하고 있다. 현대기술이 문제라면, 그 형식이 문제라면, 우리는 언제든 이 형식을 이해하고, 이를 올바른 궤도에 올려놓을 수 있을 것이며, 궁극적으로 기술의 "질적 변형"을 통해 소외 현상을 극복해 나갈 수 있을 것이다. 기술은 오히려 "자유 이념"의 실현으로서, 우리를 자유롭게 한다.[37] 기술에 대한 반성은 인간의 기술 종속 문제를 가짜 문제로 밝혀 주며, 오히려 기술의 내적인 측면을 드러내는데, 이에 따르면 기술은 인간의 자유를 확장하며, 인간성을 고양한다.

4. 문화의 한 부문으로서 특수한 기술의 문제

문화의 갈등과 기술

"문화의 비극"은 "생의 직접성"과 "정신의 매개성", 자연과 문화의 대립으로 발생하며, 이는 해결될 수 있다는 게 카시러의 생각이다.

---

37 Hans Ruin, "Technology as Destiny in Cassirer and Heidegger: Continuing the Davos Debate", *Ernst Cassirer on Form and Technology: Contemporary Readings*, p. 123.

기술만의 문제라고 생각했던 소외 문제가 문화 전반의 일반적인 문제이며, 이는 일시적인 과정에 불과하다. 오히려 정신의 매개들, 즉 상징적 형식들이 발전하는 가운데 이들 사이에서 발생하는 갈등 문제가 더 심각하다. 이것이 문제가 되면, "이념"의 통일, 목적방향과 목적설정의 통일이 문제가 된다. 즉 문화의 전체적인 발전 방향이 문제가 된다. 문화 전체가 어떤 특정한 방향으로 나아간다면, 각 문화 부문은 이 방향에 맞춰져야 하며, 이를 위해 서로 간의 극심한 갈등은 있어선 안 된다. 하지만 각 부문이 극단적인 갈등에 빠져든다면, 문화의 전체적인 방향이 과연 존재하기는 하는지에 대한 의문이 들기 마련이다.

  기술은 문화의 한 부문으로 자신의 자리를 지키면서 다른 부문과의 "평화롭고 조화로운 질서" 속에 있어야 한다. 하지만 기술이 강력한 힘을 얻게 되면서 자신의 자율적인 영역에만 머무는 것이 아니라 다른 부문으로 침투해 자신의 원칙을 관철하고 강제하고자 한다. 그렇게 되면 기술은 다른 부문과 갈등에 빠지게 된다. 이는 카시러에 따르면 기술만의 문제가 아니다. 문화의 모든 개별 부문은 "무조건적인 것을 향한" 경향이 있다. 즉 자신의 영역에 머무는 것이 아니라 자신만이 절대적으로 옳다고 여기고 이를 다른 부문에도 관철하려는 경향을 지닌다. 여기서부터 "문화의 갈등과 문화 개념의 이율배반이 생긴다".[38] 특히 언어와 과학의 관계, 종교와 예술의 관계에서 이를 볼 수 있다. "해가 진다"에서는 전통적인 언어 사용과 자

---

38 Ernst Cassirer, 『상징적 형식의 철학. 제1권: 언어』, 39~40쪽.

연과학적 인식 간의 갈등이 존재한다. 종교적 권위와 예술적 자유의 갈등 또한 역사 속에 존재했다. 이러한 갈등을 통해 각 부문은 자신의 힘을 증명할 기회를 가질 수 있게 된다. "개개의 정신적인 방향들은 서로 보완하기 위해서 평화스럽게 병렬적으로 나타나는 것이 아니라 다른 방향들을 부정하고 다른 방향들과 투쟁하면서 자신의 독자적인 힘을 증명한다."[39] 그렇다면 문화 속 "경계 설정", 즉 "개별 규범들을 만족시키면서 동시에 제한하는 특정한 보편적 규범의 설정"이 요구된다(78/58).

기술과 이론적 자연 인식의 관계

일반적으로 과학적 이론이 먼저고 기술적 실천은 이것의 적용에 지나지 않는다는 의견이 많다. 서양의 지성사에서는 이론을 실천보다 우위에 두는 경향이 있었다.[40] 하지만 과학의 역사를 살펴보면 오히려 그 반대다. 특히 르네상스 시대에 자연 연구는 이론가가 아니라 "발명가"의 물음 설정을 통해 이루어졌다. 그래서 기술은 이론적 과학보다 우위에 있는 상태에서 이것과 조화로운 관계에 있다. 즉 이론과 실천의 명확한 경계는 존재하지 않으며, 둘은 상호작용하면서 조화로운 관계에 있다.

　　레오나르도 다빈치는 이론가면서 발명가다. 그는 어느 한쪽만

---

39 같은 책, 40쪽.

40 Eric Schatzberg, *Technology. Critical History of a Concept*, The University of Chicago Press, 2018, p. 3 이하.

을 강조하는 것이 아니라 둘의 균형을 중시했다. 하지만 르네상스 시기의 학문 방향을 보면 둘의 균형보다는 기술의 우위가 관철된다. 특히 갈릴레이는 과학적 도구 발명을 통해 이론 역학 발전에 크게 기여했다. 이론적인 자연에 관한 상은 흔히 믿고 있듯 "단순히 정적인 관찰"을 통해서 얻을 수 있는 게 아니다. 이러한 순수 관찰이란 존재하지 않는다. 오히려 기술적 도구의 "개입"이 필요하다. 자연상은 이론적인 관찰로 '재현'된 것이 아니라 정신의 에너지가 형태화된 도구를 통해 '구성'된 것이다. 갈릴레이는 망원경을 직접 제작함으로써 망원경으로 구성된 현실에 대한 자신의 이론을 세울 수 있었다. 맨눈으로 본 우주와 망원경으로 본 우주는 다르다. 어떤 매체를 통해 우주를 관찰하느냐에 따라 우주는 달리 보인다. 그래서 우주는 구성되는 것이지 단순히 관찰을 통해 기술되거나 재현되는 것이 아니다. 르네상스 시기가 보여 주듯 기술적 발명이 이론의 발견에 앞서며, 기술적 발명으로 이론적 발전이 가능했다. 자연과학에서 관찰을 위한 장비는 현재 더욱 중요해졌다. 어떤 장비를 갖추고 있느냐에 따라 이론적 발전 정도가 결정된다. 그래서 기술이 이론적 자연 인식보다 더 우위에 있으며, 이것의 기초라고 할 수 있다.

이론적 고찰이나 기술적 창조 모두 "현실과 생각의 일치(adaequatio rei et intellectus)를 요구"한다. 다만 이론적 고찰은 이 일치를 "주어진 것으로 발견"하는 반면(80/60) 기술적 창조는 이 일치를 "계속 생산"한다. 이론적 고찰은 주어진 사실에 일치하는 이론을 발견하려 한다. 사실은 이미 주어져 있고, 이 사실에 일치하는 이론을 발견해야 한다. 하지만 이러한 재현주의 입장은 카시러가 볼 때 하나의 허상에 불과하다. 오히려 주어진 사실은 하나의 현상에 불과하고, 이 현상 너머로 진입해야 한다. 기술적 창조는 발명을 통해 현상을 뛰어넘는다. 기술 장비를 통해 현상 너머의 현실이 구성된다. 이 초월을 통해 기술적 도구는 진정한 객관성의 영역을 구성해 낸다.[41] 이런 점에서 기술적 도구는 "일치"를 발견하는 것이 아니라 구성한다. 자연은 주어진 것이지만, 기술적 창조를 통해 자연은 새롭게 형태화되어야 하는 것, 새로 "정립해야 하는 것"이 된다. 망원경을 통해 본 우주가 맨눈으로 본 우주보다 더 참되다.

하지만 이러한 관점은 진리 상대주의를 낳을 수 있다. 어떠한 도구를 사용하느냐에 따라 이를 통해 구성되는 현실이 달라진다면, 이때 어떤 현실이 과연 진짜 현실인지가 문제가 될 수 있다. 하지만 카시러는 이러한 상대주의를 배격한다. 오히려 인간은 도구를 통해서, 즉 도구가 마련해 준 거리를 통해 현상을 넘어 진정한 객관의 세계로 넘어간다. 도구 없이 현상을 직접 대면하는 것이 오히려 진정한 객관을 만나는 것처럼 보일 수 있다. 하지만 이는 하나의 가상이다. 오히려 도구를 매개로 해서 현상을 마주할 때, 즉 도구 속의 '형식'을 통해 현상이 구성될 때, 현상 너머의 객관 세계는 자신을 드러낸다. 이러한 초월은 "다양한 관점, 시각적 도구의 능동적 개입을 통해" 이루어진다.[42]

이러한 도구 사용의 의미를 카시러는 라이프니츠의 충족이유율 개념으로부터 가져온다. 라이프니츠는 논리적으로 수많은 세계가 구성될 수 있다고 생각한다. 수많은 가능성 중 하나의 가능성만

---

41 Aud Sissel Hoel, "Technics of Thinking", p. 81.
42 Ibid., p. 81.

이 실제 세계로 존재하게 되고, 다른 가능성이 배제된 합당한 이유가 존재한다는 게 충족이유율이다. 라이프니츠에 따르면 자연과학은 세계를 설명할 때 이 이유를 제시해야 한다. 여러 가능성이 있는데도, 현재의 세계가 존재해야만 하는지 그 필연성을 제시해야 한다. 이를 위해 자연과학은 좋은 이론 체계를 구축해야 하며, 이것이 세계의 구성을 잘 설명할 수 있어야 한다. 이때 이론 체계는 세계 구성의 이유를 제시해야 하는데, 여기서 이 이유는 경제적이며, 단순하며, 미적 통일성을 갖춰야 한다.[43] 즉 라이프니츠는 인간이 이러한 선험적 원리를 바탕으로 세계를 구성한다고 주장하며, 이 원리가 바로 세계 존재의 충분한 이유가 된다. 여기서 원리는 바로 자연과학 이론 체계가 된다.

그렇다면 이러한 자연과학 이론 체계는 어떻게 구성되는가? 카시러에 따르면 이는 과학적 도구에 기초한다. 도구는 자신이 구성한 세계를 보여 준다. 도구는 하나의 형식이며, 이 형식에 맞는 세계가 과학이론의 기초가 된다. 이미 언급했듯 세계는 다양한 방식으로 구성될 수 있다. 과학적 도구의 형식은 수많은 가능성 중 하나만을 선택하여 우리에게 보여 준다. 이때 도구의 형식으로 구성된 세계가 바로 최선의 세계라는 것이 카시러의 해석이다.

그래서 기술의 "형식"은 바로 현실이 이러저러하게 존재해야 할 충분한 이유를 제공한다. 앞에 보이는 현실은 현실이긴 하지만, 그 자체가 그렇게 존재해야 할 충분한 이유를 가지고 있지 않다. 라

---

43 서양근대철학회, 『서양근대철학』, 창작과비평사, 2001, 168쪽.

이프니츠는 현실이 이러저러하게 존재하는 것을 "사실의 진리"라 부른다. 하지만 이러한 사실은 달리 존재할 수도 있으며, 이런 점에서 사실의 진리는 "우연적" 진리에 불과하다. 이에 반해 "필연적 진리"는 반대가정이 불가능한 명제에 해당한다. 수학적 정의 명제가 이에 해당한다.[44] 삼각형의 정의에 따르면 삼각형은 달리 될 수가 없다. 말하자면 눈앞의 현실은 사실 그 자체로서, 항상 달리 될 가능성을 지니며, 최선의 가능성은 아니다. 이에 반해 기술적 도구는 다양하게 구성될 수 있는 세계 중 최선의 세계를 우리에게 보여 준다. 기술은 말하자면 현실을 "가능의 상 아래" 볼 것을 요구하며, 수많은 가능성의 영역 중 최선의 가능성을 자신의 형식으로 선택한다. 주어진 현실이 사실로서 우연적이라면, 기술적 형식이 구성하는 가능성은 필연적이다. 과학적 도구의 형식은 현실의 덮개를 벗겨 준다 (Auf-Decken). 말하자면 기술적 창조는 현재 주어진 현실보다는 앞으로 볼 수 있는 미래의 현실을 열어 준다. 입자 가속기라는 도구는 눈앞의 현실보다 더 필연적인 현실, 이유 있는 현실을 보여 준다. 그런데 이 보여 줌은 도구적 형식에 의한 현실 구성의 결과다. 이 문맥에서 카시러는 데사우어를 인용하면서 기술적 형식이 우연적 현실 바깥에 놓여 있으며, 필연적인 현실을 구성하는 기능을 수행한다는 점을 강조하고 있다.

도구는 주어진 현상을 넘어 진정한 객관으로 나아갈 수 있게 하며, 이는 대상 세계의 "확장"이자 "변형"이다.[45] 이러한 주장은 돈 아

---

44 같은 책, 165쪽.
45 Aud Sissel Hoel, "Technics of Thinking", p. 88.

이디(Don Ihde)의 논의와 비교할 수 있다. 돈 아이디는 "기술 현상학"을 주창하며, 보이는 현상 너머에 있는 근거를 통해 현상을 더 잘 이해할 수 있음을 주장한다. 도구가 바로 이러한 현상학적 관찰에서 핵심적인 역할을 담당한다. 다만 아이디는 "감각상의-확장-축소(sensory-extention-reduction) 관계"를 강조한다.[46] 우리가 어떤 도구로 세계를 관찰하게 되면, 도구에 따라 특정한 부분의 감각상이 확장되는 대신, 다른 부분의 감각상은 축소된다는 것이다. 예를 들어 망원경을 통해 토성을 관찰하면 시각적인 측면이 확장되지만, 청각적인 부분은 축소된다. 카시러는 이와 달리 오로지 도구를 통해서만 세계에 접근할 수 있으며, 도구를 통해서만 세계의 본질이 열린다고 주장한다. 도구의 형식은 세계의 형식을 구성하며, 이 형식 속에서 세계는 자신을 드러낸다. 도구적 형식이 구성한 세계만이 우리에게 존재하며, 이는 더 필연적인 세계, 즉 충분한 존재 이유를 가진 세계다. 도구는 대상의 어떤 감각상을 축소하고 어떤 감각상만을 확장하는 그러한 선택적인 확대, 축소가 아니다. 도구는 대상의 진정한 모습을 우리에게 보여 준다. 대상은 오로지 도구의 형식 속에서만 자신을 드러낸다.

---

46 Don Ihde, 『기술철학』, 김성동 옮김, 철학과현실사, 1998, 49쪽.

예술과 기술의 관계

"기술적 '형식' 세계"는 "예술적 창조의 영역", "예술적 형식"과 매우 긴밀하다. 이 긴밀함은 레온 바티스타 알베르티(Leon Battista Alberti) 또는 레오나르도 다빈치를 통해 알 수 있다(83/62). "기술 낭만주의자"(예를 들어 막스 아이트)는 "기술의 현대적 옹호자"로서 "기술을 예술과 동일시함으로써만 기술을 최대한 옹호할 수 있다"고 믿는다. 하지만 "예술가와 기술자의 '객관화' 방식"에는 "차이"가 있다. 기술과 이론적 자연과학의 관계에서는 기술이 진정한 객관 세계를 열어 주는 역할을 담당하면서 자연과학의 발전에 토대를 구축한다. 하지만 기술과 예술의 관계에서는 이 둘의 구별을 확실히 해야 하며, 이를 위해서는 기술과 예술의 객관화 방식의 차이에 주목해야 한다.

카시러는 기술적 도구를 예술 작품과 마찬가지로 미적인 측면에서 고찰하려는 시도가 있었다고 전한다. 말하자면 기술적 도구 또한 예술 작품 못지않게 미적인 작용을 하며, 미적인 규범에 따른다는 것이다. 기술적 도구를 미적인 평가의 대상으로 간주하는 입장은 "'소재'에 대한 '형식'의 승리", 즉 "형식미"를 미적 본질로 간주한다 (83/63). 형식미란 일정한 형식을 자연적 소재를 통해 객관화하면 생겨난다. 앞에서 살펴봤듯이 기술은 이념적 형식을 자연적 소재와 결합한다. 그래서 기술적 도구는 형식과 소재의 결합이다. 하지만 형식과 소재의 결합이 모두 미적인 것이라면 "정신적 형태화 일반" 전체, 즉 모든 상징적 형식이 미적 평가 대상이 된다(84/63). 상징적 형식은 인간의 정신이 의미를 감각적 형태로 객관화한 것이다. 형식이 있다면, 당연히 이 형식은 감각적인 것으로 구현되어야 한다. 상징적 형식 자체가 모두 미적 대상이라면 "신체적 형태의 미", "논리적 미와 윤리적 미", "인식의 미", "습관과 노력의 미" 또한 있게 된다 (84/63). 그래서 카시러는 이러한 논의를 비판하면서 예술미를 좀 더 특수하게 규정해야 한다고 주장한다.

　　그렇다면 기술적 도구와 예술 작품의 차이는 무엇인가? 둘 모두 우리에게 감탄을 불러일으키는 경우가 많다. 최신의 기술적 도구, 예를 들어 값비싼 자동차는 감탄을 자아낸다. 이 점에서 기술적 도구 또한 예술 작품과 유사한 것처럼 보인다. 둘 모두 이념을 특정한 질료와 결합했다는 점에서 형식화된 질료라고 할 수 있다. 하지만 형식화된 질료가 모두 미적 대상은 아니다. 카시러는 예술 작품과 예술가, 기술적 도구와 제작자의 관계의 차이를 지적한다. 예술 작품은 예술가의 영혼을 그대로 보여 준다. 영혼은 작품의 외면을 통해 투명하게 비친다. 이를 카시러는 "형태"와 "표현"의 통일이라고 한다(84/63). 여기서 형태는 곧 "형식"이다. "형식"은 두 가지 의미를 지닌다. 넓은 의미에서 형식은 예술이라는 형식, 기술이라는 형식 등 상징적 '형식'을 의미한다. 하지만 좁은 의미에서 형식은 예술의 경우에는 예를 들어 인상주의, 고전주의, 낭만주의 등을 가리킨다. 시대마다 지배적인 예술적 "형식"이 존재하며, 이는 예술가가 세계를 바라보는 관점을 정해 준다. 뵐플린(Heinrich Wölfflin)에 따르면 16세기에는 세상을 선적인 것으로 바라보고, 17세기에는 회화적인 것, 역동적인 것으로 바라본다. 시각 자체가 일정한 형식 안에 갇혀 있기에, 이는 그림에서도 일정한 형식으로 반영된다. 일정한 시기에 태어난 예술가는 특정한 형식으로만 세계를 바라보며 이를 작품에 반영한다. 각 작품은 이러한 시대적인 보편적 형식에 의해 지배받는다. 하지만 예술 작품은 이러한 시대적인 '형식'으로 환원되지 않는다. 오히려 그것은 각 예술가의 개성의 '표현'이라고 할 수 있다. 우리가 어떤 예술 작품을 통해 시대적인 경향을 보려 한다면, 이 '형식'에만 집중하면 된다. 하지만 '형식'을 파악했다 해서 작품 '전체'를 이해했다고는 볼 수 없다. 왜냐하면 각 작품은 예술가 개인의 작품, 즉 개인이라는 전체의 '표현'이기 때문이다. "테두리는 결국 이 영혼의 전체, 즉 모든 참된 예술적 개별성 속에 담겨 있는 영혼의 총체성으로부터만 이해할 수 있다."(84/64) 예술 작품의 제작자는 항상 작품과 함께 있다. 우리는 예술 작품을 보거나 들을 때 항상 '누구'의 작품인지를 궁금해한다. 예술 작품은 항상 누구의 작품이며, 작품의 경험에서 이 '누구'는 매우 중요하다. 예술 작품은 시대의 형식을 보여 주면서도 또한 예술가의 개성 또한 보여 준다. 이러한 형태와 표현, 형식과 표현의 통일이 예술에 존재한다.

하지만 기술적 도구는 전적으로 사물 세계에 속하며, "이 세계 법칙에 종속된다". 기술적 도구는 사물에 불과하며, 기술 창조자와의 관계는 사물이 된 순간 끊어진다. 몇몇 예외를 제외하고 역사적으로 기술이 발명되고 난 후, 그 발명가를 기억하는 일은 거의 드물며, 기술적 도구 속에 발명가의 혼이 담겨 있다고 생각하지도 않는다. 왜냐하면 기술적 도구는 사물일 뿐이며, 사물의 법칙에 충실하기 때문이다. 사물 속에 기술자 개인의 "표현"의 측면은 존재하지 않는다. 오로지 기술적 도구엔 "형식"만이 존재한다. 하지만 이러한 분리 양상은 예술가에게 불가능하다.

에펠탑을 설계한 에펠은 바람의 영향 등을 고려한 "정역학적인 문제의 완전한 해결"인 에펠탑의 형태가 미적이라고 주장했다. 즉 에펠탑은 여러 상황 속에서도 튼튼하게 서 있는 탑의 형태를 갖췄다. 하지만 카시러는 이러한 물리 법칙의 순수한 해결이 사물의 법칙 영역에 속하며, 에펠탑이 예술의 영역이 아니라 기술의 영역에만 속한다고 해석한다. 즉 이 탑에는 "표현"이 없고, 형태만 존재한다. 그래서 에펠탑은 예술 작품이 아니라 기술적 도구다. 문화가 주관성과 객관성 영역으로 이루어진다고 할 때 예술만이 "이 두 극단 사이의 이상적 균형"에 도달한다. 이에 반해 기술적 도구는 객관적인 사물에 속한다.

기술과 윤리의 관계

문화비판에서 기술은 가장 부정적인 사례로 손꼽힌다. 기술은 인간을 자유로 이끈다고 하면서도 "노예상태"로 이끌고 있는 것처럼 보인다. 즉 기술은 자연으로부터 인간을 해방시켰지만, 인간은 오히려 기술에 의해 지배받으며 스스로 몰락한다. 이것이 바로 지멜의 "문화의 비극"이다. 여기서 카시러는 이런 방식으로 기술을 비판한 사람 중 발터 라테나우(Walther Rathenau)를 거론한다. 그에 따르면 경제는 무한한 욕망 충족을 위해 기술을 개발했고, 이 기술은 기계적으로 이 목적에 봉사하고 있다. 기술은 밑 빠진 독처럼 채울 수 없는 욕망을 채우기 위해 점점 더 빠르게 가동되어야 하지만, 욕망을 채우기는커녕 더 많은 욕망을 창조해 내며, 인간은 기술의 부품이 되어 기술에 봉사하게 된다. 카시러에 따르면 우리가 기술의 결과만을 다룬다면, 이러한 평가는 너무나 정당하다.

카시러는 현대기술에 의한 인간의 종속이란 문제의 원인을 진단하고자 한다. 여기서 다시금 의미 물음과 가치 물음을 구별하면서 이처럼 기술의 부정적인 결과가 기술의 본질, 즉 기술이라는 형태화로부터 나온 것인지를 묻는다. 이어 이를 라테나우의 진단과 연결한다. 라테나우에 따르면 기술의 부정적 결과는 기술이 "특정한 **경제 형식과 경제** 질서와 결합해서" 나온 것이라고 한다(87/68). 즉 "이 결합은 기술의 **정신**에서 나오는 것"이 아니며, 기술이 자신의 본질을 도외시하고 욕망의 무한한 충족만을 가속화하는 특정한 경제 원칙과 결탁한 것에 불과하다. 이러한 견해는 라테나우뿐 아니라 치머, 데사우어의 의견과도 같다. 즉 기술에 의한 인간의 종속 문제는 기술의 본질에서 나온 것이 아니라 문화의 한 부문인 경제가 문화의 또 다른 부문인 기술에 침투한 결과인 셈이다. 즉 경제 영역과 기술 영역이 역동적인 조화로운 관계 속에 있어야 하는데, 경제가 기술의 본질을 침해하면서까지 기술 영역으로 자신을 관철시켜 기술의 부정적인 결과가 현재 팽배해진 것이다.

그렇다면 이것의 해결책은 당연히 "기술이라는 수단만으로는" 이루어질 수 없다. 이에 대한 카시러의 답변은 "새로운 **의지적 힘의 투입**"이다. 카시러는 인간이 문화로부터 자유롭다는 점을 강조한다. 인간은 자유로운 의지를 지니며, 자유로운 의지로 문화를 세웠듯이 또한 잘못된 상태의 문화를 바로잡거나 이를 개선할 수 있다. 인간은 의지를 통해 "의지의 왕국", "도덕적 공동체"를 세워야 한다. 이러한 공동체가 있다면 경제적 질서가 기술에 침투한 것을 바로잡을 수 있을 것이다. 이는 경제 질서를 어느 정도 변경해야 할 것이다. 그렇다면 여기서 기술의 역할은 무엇일까?

인간은 윤리적 왕국을 세워야 한다. 이는 모든 상징적 형식이 추구하는 목표다. 이를 세우는 과정에서 기술은 "오로지 봉사자일 뿐이지 지도자일 수 없다"(88/69). 왜냐하면 "기술은 스스로 자체 목적일 수 없고, 다른 '목적의 왕국'에 복무하는 것"에 불과하기 때문이다(88~89/69). 문화 전체의 목적이 인간성의 향상, 인간의 완성, "인간의 점차적 자기 해방"에 있다고 한다면,[47] 이는 곧 윤리적 목적이다. 이를 위해서는 각 개인의 인간성 향상을 꾀할 뿐 아니라 하나의 윤리적 공동체를 세워야 한다. 기술은 상징적 형식의 하나로서 이에 복무해야 할 것이다. 기술은 그 자체가 "윤리적 가치를 창조할 수"는 없다. 기술은 윤리 영역과 무관한 것처럼 보인다. 그렇다면 기술은 어떻게 윤리적 목적에 복무할 수 있을까?

이런 점에서 기술을 "윤리화"하는 문제가 큰 이슈다. 하지만 기술은 자체 내 윤리적 가치를 포함하고 있지 않다. 다만 기술이 윤리적 가치와 대립할 이유도 없다. 현재 기술이 경제적 영역과 결합하여 다양한 윤리적 문제를 낳고 있지만 이는 기술의 본질로부터 나온 결과가 아니다. 이 지점에서 카시러는 데사우어의 "사물봉사" 개념을 가져온다.

데사우어는 경제가 다른 문화 부문까지 지배한 형태를 "이단 경제"라고 규정하면서 기업가(Unternehmer)와 자본가(Kapitalist)를 구별한다.[48] 자본가는 상품, 즉 현대의 기술적 도구를 이익의 관점에서만 바라보며, 그래서 "이익사유"만 하지만, 기업가는 "상품의 기

---

47 E. Cassirer, 『인간이란 무엇인가』, 390쪽.
48 Friedrich Dessauer, *Philosophie der Technik. Das Problem der Realisierung*, p. 121.

술적 사유"를 한다. 이에 따르면 상품은 "인간과 인간 간의, 같은 인간이지만 운명적으로 연결된, 서로 의존적인, 근본적으로 서로를 향해 있고, 호의적이고, 본질적으로 서로 친절하고 봉사할 준비가 되어 있는 이름 없는 형제들 간의 연결"을 가능케 한다.[49] 자본가는 기술을 통해 오로지 이익을 추구하려 한다. 이에 반해 기업가는 기술적 도구를 창조하려 애를 쓰며, 이를 통해 다른 이에게 봉사하려 한다. 왜냐하면 유용한 기술적 도구는 모두에게 유익이 되기 때문이다. 기술적 도구를 제작함으로써 인간은 다른 누구에게 도움을 줄 수 있다. 내가 제작한 기술이 누군가에게 도움이 된다는 것은 우리가 봉사라는 형식으로 서로 연결된다는 것이다. 기술적 도구를 통해 우리는 서로 연결되고 서로 봉사하게 된다. 도구 제작에 들인 누군가의 노력은 이 도구로 얻은 누군가의 이익과 연결된다. 자본가가 교환가치에만 집중한다면, 기업가는 사용가치에 집중한다. 이처럼 데사우어는 "경제적 사유"와 "기술적 사유"를 구별하면서 기술적 사유를 "사물봉사"(Sachdienst)라 규정한다. 이는 사물을 통한 봉사로서, 봉사는 "서로 간의 발전 속에 있는 인간을 발전시키고 상승"시킨다.[50] 기업가 한 명은 상품을 제작하여 수많은 이에게 봉사함으로써 인간성 향상에 기여한다. 카시러는 기술 제작 노동을 통해 인간이 서로 봉사하고 연결됨에 따라 느슨한 "일종의 운명공동체"를 만들 수 있으리라 기대한다. 이는 "진짜 자유로운 의지의 공동체"를 예비한다. 그래서 "기술적 문화의 내포적 의미"는 "봉사를 통한 자유"이

49 *Ibid.*, p. 122.
50 *Ibid.*, p. 124.

다. 여기서 카시러는 데사우어의 "봉사를 통한 자유" 개념을 자신의 의미로 전용하고 있다. 데사우어가 이 표현을 쓴 맥락은 우리가 자연법칙에 예속됨으로써, 즉 자연법칙에 봉사하고 이를 존중하고 활용하여 기술을 제작하고 이를 통해 자유를 누린다는 점이다.[51] 이에 반해 카시러는 "사물봉사"를 통해 "운명공동체"를 형성하여, 궁극적으로 윤리적인 의미에서 "자유로운 의지의 공동체"를 구성하는 것을 "봉사를 통한 자유"로 해석하고 있다.

그래서 카시러는 데사우어를 따라 기술을 통한 노동 공동체의 형성을 윤리적 가능성으로 보고 있으며, 이를 기술의 "최고의 과제"라고 하면서 아직까지 이를 인식하지 못하고 있다고 진단한다. 기술적 노동이 겉으로 보면 인간을 기계의 부품으로 전락시키고, 기계에 종속시키는 것처럼 보이지만 그렇지 않다. 인간은 기계에 예속되지만, 또한 이를 통해 인간은 자유롭게 된다. 기술적 노동은 인간을 오히려 윤리적으로 만든다. "기술은 인간의 소명이 적극적인 윤리적-이성적 피조물이라는 것을 드러낼 잠재성을 지닌다."[52] 노동을 통해 인간은 타인을 위한 봉사 활동을 할 수밖에 없다. 이는 기술에 의한 노동 방식의 변화에 기인한다. 가내 수공업 시절에 장인은 자신이 알고 있는 이웃을 위해 사물을 제작했다. 하지만 대규모 노동 방식을 통해 노동자는 자신도 알지 못하는 모두를 위해 사물을 제작한다. 즉 윤리적인 범위가 크게 확장된 것이다.[53] 노동이란 첫째로

---

51 *Ibid.*, p. 86.

52 Hans Ruin, "Technology as Destiny in Cassirer and Heidegger: Continuing the Davos Debate", p. 123.

자신의 욕구를 충족시키기 위함이지만, 노동의 산물은 타인의 욕구 충족에 기여한다. 이러한 기술적 노동의 목표를 파악하고 실행하게 된다면, 카시러에 따르면 "기술"과 "형식"의 참된 관계가 성취된다.

　이 논문의 제목은 "기술과 형식"이다. 이 글의 요지는 기술이 바로 "형식"이라는 것, 즉 상징적 형식의 하나라는 점이다. 기술은 하나의 사물로 현상하지만, 이는 기술의 결과에 불과하다. 오히려 기술은 능동적이고 활동적인 형식으로서 자신의 세계를 구성하며, 또한 세계를 구성하면서 자신을 변화시킨다. 기술을 상징적 형식의 하나로 인식하는 것이 바로 기술과 형식의 참된 관계를 아는 것이다. 이러한 인식이 실제로 일으키는 성취는 바로 인간의 "윤리적 의식"이 고양되는 것이다. 즉 기술이 상징적 형식의 하나임을 인식한다면, 점점 더 윤리적 의식을 갖게 된다. 이는 앞에서 언급한 "사물봉사" 개념을 통해서다. 결국 기술은 여타의 상징적 형식처럼 인간성 고양에 이바지한다. 바로 이 점을 인식하는 것이 기술에 대한 철학적 반성의 목표다.

---

53 데사우어와 이를 이어받은 카시러의 이러한 논의는 이미 한스 요나스의 기술 윤리학을 선취한 셈이다. 기술에 의한 영향력 변화에 따라 전통 윤리학에서 기술 윤리학으로의 전환을 요구한 요나스는 기술의 윤리적 잠재성을 주장한 데사우어의 주장을 그대로 이어받은 것이라 할 수 있다(한스 요나스, 『책임의 원칙: 기술 시대의 생태학적 윤리』, 이진우 옮김, 서광사, 1994).

3장

카시러 기술철학의 현재성

기술에 대한 종합적 관점

기술적 도구는 제작자와 사용자 중간에 위치해 있다. 제작자는 기술적 도구를 제작하며, 사용자는 이 도구를 사용한다. 그래서 기술철학의 지형도는 제작자의 관점을 강조하는 관점, 기술적 도구의 자율성을 주장하는 자크 엘륄의 기술지배체제론, 그리고 사용자의 사용을 중시하는 사회 구성주의 이론으로 펼쳐 볼 수 있다.

　　제작자 중심 관점에는 대표적으로 데사우어가 속하는데, 그는 기술을 인간의 피조물로 간주한다. 여기서 가장 중요한 기술철학적 주제는 제작자가 기술을 제작하는 과정을 해명하는 것이다. 데사우어에 따르면 제작자는 세상에는 없는 새로운 아이디어를 가져오며, 그래서 자연적인 사물과는 완전히 구별되는 인공적인 사물을 창조한다.[1] 기술은 인간이 만든 것이란 점에서 인간의 통제 아래 놓여 있

다. 물론 기술을 인간이 통제할 수 있다는 이러한 관점은 여러 비판을 받고 있다.[2]

이러한 제작자 중심 관점과 구별되는 것이 바로 사회 구성주의다. 사회 구성주의는 사용자 중심 관점으로서 기술 제작이 제작자의 아이디어로부터 비롯되는 게 아니라 기술을 사용하는 사람들의 관심이 모여 이루어진다는 것이다. 말하자면 기술은 사용자의 관심에 의해 구성된다. 사용자의 요구에 따라 기술적 도구는 기획되고 변경된다. 제작자는 단순히 이러한 구성에서 형식적인 역할만 담당할 뿐이다.

이러한 두 관점과 구별되는 것이 바로 엘륄의 기술의 자율성 이론이다. 엘륄에 따르면 과거의 기술과 달리 현대기술은 "인간의 결정적 개입 없이 스스로 변형하고 발전할 수 있는 진화 단계"에 있다.[3] 그래서 기술은 자율적이며, 제작자도, 사용자도 이러한 기술의 본질을 건드릴 수 없다. 제작자나 사용자 모두 스스로 진화하는 기술의 영향권 아래 놓여 있다. 기술의 자율적인 자기 성장에 대해 인간이 개입할 수 있는 여지는 없다.

이러한 세 가지 관점이 기술철학에서 중심축을 형성하고 있다. 그런데 이 중 한 가지 축만을 절대화하면 기술에 대한 종합적인 이해가 불가능해진다. 그래서 예를 들어 현대 기술철학에서 귄터 로폴 (Günter Ropohl)은 "일반 기술학"을 기획하면서 이 세 가지 측면을

---

1 조창오, 「데사우어의 기술 개념」, 『대동철학』 제95집, 대동철학회, 2021, 141~167쪽.

2 예를 들어 다음을 참조. 조창오, 「안더스의 기술 개념과 인간 향상」, 『철학논총』 제112집, 새한철학회, 2023, 263~280쪽.

3 Jacques Ellul, *La Technique ou l'enjeu du siècle*, ed. Economica, 21990(1954), p. 79.

기술을 구성하는 세 가지 "차원"으로 규정한다.[4] 우리가 기술을 이해하려면 세 가지 차원을 모두 고려해야 한다.

이런 점에서 카시러의 기술철학은 매우 커다란 강점을 지닌다. 카시러는 기술의 "형식"을 강조한다. 이 "형식"이란 넓은 의미에서는 기술이라는 상징적 '형식'을 가리키지만, 좁은 의미에서는 구조주의에서 말하는 '구조'처럼 이해할 수 있다. 한 기술의 시대적인 "형식"은 존재한다. 이는 인공적인 사물 제작 방식을 규정하는 시대적 경향성이라 할 수 있다. 그리고 이러한 시대적인 "형식"은 세계를 구조화하는 방식이기도 하다. 인간이 이러한 형식의 원작자이지만, 이 형식은 인간을 지배하기도 한다. 어떤 시대, 어느 지역에 태어나는지에 따라 인간을 지배하는 기술적 형식은 다르기 마련이다. 만약 이 점만을 강조하게 된다면, 우리는 엘륄의 기술의 자율성 이론에 이르게 된다.

하지만 이러한 형식은 정신적 에너지의 외화 형식이다. 정신적 에너지는 기술적 형식과 세계라는 두 축으로 이중화하면서 실현된다. 그래서 기술의 각 시대적 "형식"은 정신적 에너지가 자신을 실현하는 가운데 생성된 것이다. 즉 각 형식은 인간이 제작한 것이다. 그래서 기술은 **"형성된 형식"**(forma formata)이 아니라 **"형성하는 형식"**(forma formans)이다. 인간은 형식의 창조자로 머문다. 여기서 중요한 것은 인간이 어떤 의도에서 특정 형식을 창조하는지다. 이 의도에 맞춰 형식의 의미가 규정된다. 그런데 이 차원만을 강조하게

---

4 Günter Ropohl, *Allgemeine Technologie. Eine Systemtheorie der Technik*, 3. Aufl., Karlsruhe, 2009(1979).

된다면, 우리는 데사우어의 기술 제작 이론에 이르게 된다.

마지막으로 기술은 오로지 사용을 통해서만 기능한다. 사용자가 기술적 도구를 사용해야만, 이것은 자신의 몫을 한다. 그런데 어떤 이는 한 장비를 A라는 목적을 위해 사용하는가 하면, 어떤 이는 같은 장비를 B라는 목적을 위해 사용한다. 각 작품에 대한 개별자의 해석이 달라지면서, 작품의 기능 영역은 점점 더 확대되며, 나와 너는 작품을 통해 서로 다름을 확인하면서 서로 소통하게 된다. 제작자가 어떤 의도를 가지고 기술적 도구를 제작했든 그건 상관없다. 사용자의 개별적인 사용 목적이 작품의 기능을 규정한다. 그리고 서로 다른 사용 목적을 가진 개별자는 작품을 사이에 두고 서로 다름을 확인하면서 소통하게 된다. 제작자의 의도만이 절대적인 것이 아니다. 그리고 나의 사용 목적 또한 절대적인 것이 아니다. 기술이 오로지 사용을 통해서만 기능하며, 이 사용이 무수한 개별 인간에 의해 이루어지기에, 기술의 기능은 단수가 아니라 복수로 실현된다. 자신만의 사용방식이 절대적인 것이 아니며, 이를 통해 우리는 사용을 통해 자신의 한계를 인지하고, 상대방과 소통하는 과정을 경험하게 된다. 이것이 바로 '기술 해석학'의 차원이다.[5] 이 측면만을 강조하게 되면, 우리는 사회 구성주의 이론에 이르게 된다.[6]

카시러는 기술을 둘러싼 세 가지 차원을 모두 고려한 기술철학을 구축하고 있다. 그런데 카시러가 이 논문에서 특히 강조하는

---

5 이에 대해서는 조창오, 「카시러의 기술 개념과 그 현재성」, 『대동철학』 제103집, 대동철학회, 2023년 6월, 271~296쪽 참조.
6 이는 당연히 "기술의 민주화" 이론과 연결된다. Aud Sissel Hoel, "Technics of Thinking", p. 83.

바는 우리가 너무 두 번째 차원, 즉 기술적 도구의 차원에 매몰되는 면이 있다는 것이다. 이 점을 강조하게 되면 엘륄처럼 기술의 자율성에 따른 기술지배체제(technocracy) 개념을 만나게 된다. 이는 기술의 결과에만 주목한 결과이며, 그것도 결과 전체를 고려한 게 아니다. 오히려 우리는 기술이 우리를 지배하고 있는 것처럼 보이는 가상을 떨쳐 버리고, 먼저 우리가 기술로부터 자유롭다는 것을 인식해야 한다. 즉 기술은 우리의 철학적 사유의 대상에 불과하며, 그런 점에서 우리는 기술과 거리를 둘 수 있다. 기술이 상징적 형식의 하나라는 점을 인식해야 하며, 이 인식이 있게 되면, 우리는 기술적 도구가 정신의 창조과정을 통해 산출된 것이란 점을 알게 된다. 또한 기술적 도구가 사용자의 사용에 철저히 의존적이라는 점에 주목하게 된다면, 우리는 기술적 도구의 기능이 다양하며, 또한 사용자의 요구에 따라 기술적 도구의 변경과 혁신이 뒤따른다는 점을 알게 된다.

말하자면 카시러는 기술을 일의적으로 보는 것이 아니라 다양한 층위의 개념군으로 보고 있다. 이 점에서 카시러는 기술을 어떤 하나의 개념, 한 가지 차원으로 축소하는 것에 반대한다. 바로 이 부분에서 상징적 형식으로 기술을 보고자 하는 의도가 분명히 드러난다. 기술의 본질만을 찾는다면, 우리는 기술을 어떤 하나의 고정된 실체로 환원하기 마련이다. 하지만 카시러는 기술을 실체가 아니라 여러 변수를 가지는 "함수"(Funktion), 즉 기능으로 보고 있다.[7] 기술

7　Felix Alexander Herzog, *Der Geist der Technik. Eine kritische Phänomenologie der Technik*, p. 115.

이라는 함수는 제작, 작품, 사용이라는 여러 변수를 가진다. 물론 카시러는 분명히 기술의 "본질"을 거론하지만, 이는 고정된 본질이나 실체를 의미하는 게 아니다. 기술은 상징적 형식으로서 하나의 활동성으로 보아야 하며, 이 활동성에 세 가지 요소가 포함되어 있다.

하나의 현상으로 기술을 바라보기

기술을 다양한 개념군을 가지는 반성 개념으로 보고자 하는 시도는 현재의 기술철학에서 매우 일반적이다. 이는 기술 현상이 매우 다양한 차원에서 벌어지기 때문이다. 물론 한쪽 측면에 주목하여 기술을 설명하는 것은 매우 중요하다. 예를 들어 "기술의 민주화" 이론은 기술을 전문가 집단이 아니라 시민이 통제해야 함을 강조한다. 전통적으로 "전문가 지식"을 우위에 뒀지만, 개별 사례 연구를 통해 "시민 지식"이 기술과 관련된 문제 해결에서 중요한 역할을 수행했다는 점이 밝혀졌다.[8] 그래서 시민 지식이 기술 기획 단계에서부터 중요한 역할을 담당해야 한다는 목소리가 힘을 얻고 있다. 하지만 하나의 차원만을 강조하게 되면, 다른 차원을 소홀히 할 수밖에 없다.

그런데 기술을 단순히 다양한 개념의 집합으로 보게 되면, 기술을 하나의 전체적인 현상으로 볼 수 없게 된다. 예를 들어 알프레트 노르트만(Alfred Nordmann)은 기술을 인간학, 존재론, 역사철학, 인식론, 미학, 윤리학의 층위에서 다룬다.[9] 노르트만은 우리가 일상적

---

8 이영희, 『전문가주의를 넘어. 과학기술, 환경, 민주주의』, 한울, 2021 참조.
9 대표적으로 Alfred Nordmann, 『기술철학 입문』, 조창오 옮김, 서광사, 2021.

삶 속에서 기술이라는 개념을 어떤 방식으로 사용하는지를 귀납적으로 조사해 그 사용법을 요약 정리한다. 우리가 기술 개념을 다양한 방식으로 사용하는데, 사용할 때마다 우리는 기술에 대한 특별한 개념을 염두에 두고 있다. 하지만 아무리 기술 개념이 폭넓고 다양한 의미에서 사용된다 해도, 기술을 하나의 전체적인 "형식"으로 파악하지 못한다면, 기술은 개별적인 부분으로 쪼개어질 수밖에 없다. 노트르만은 기술의 전체적 개념은 없으며, 기술의 다양한 개념은 가족 유사성의 틀로만 이해해야 함을 강조한다.

하지만 기술을 다양한 관점에서 고찰할 수 있지만, 기술이라는 '하나'의 대상이 존재한다는 점은 분명하다. 기술이 아무리 다양하게 사용된다 해도 기술이라는 현상의 통일성을 이해하지 못한다면, 과연 우리가 기술을 이해하고 파악했다고 할 수 있을까? 그리고 이 점에서 카시러의 기술철학은 모범적이다. 카시러는 '기술'과 '형식'의 관계를 중심으로 기술을 하나의 전체적인 현상으로 파악한다. 즉 그것은 상징적 '형식'이다. 그러면서도 카시러는 기술의 다양한 층위를 명확히 구별하여 우리에게 보여 준다. 이는 기술의 전체성은 포기하지 않으면서 기술의 다양한 면모들을 한데 아울러 볼 수 있는 기회를 제공한다.

기술의 "경험적 전환"을 중시하는 이는 기술이라는 전체적 현상보다는 구체적인 기술 사례를 중심적으로 다룬다. 이에 반해 고전적 기술철학은 기술의 고정된 본질을 찾으려 한다.[10] 고전적 기술철

---

10 손화철, 『호모 파베르의 미래』, 아카넷, 2020.

학이 본질을 고정된 것으로 간주한 측면에서 오류를 범했다고 한다면, "경험적 전환"이나 노르트만의 기술 이론은 너무 기술을 파편적인 측면으로 분해한다. 우리에게 필요한 것은 기술의 전체적 현상을 염두에 두면서, 기술의 구체적인 측면들을 소홀히 하지 않는 것이다. 이 점에서 카시러의 기술철학은 명쾌한 해법을 제시한다.

참고문헌

카시러 저작

Cassirer, Ernst, *Sprache und Mythos*, Leipzig, B. G. Teubner, 1925.

_____, "Der Begriff der symbolischen Form im Aufbau der Geisteswissenschaften", in: *Wesen und Wirkung des Symbolbegriffs*, Darmstadt, 1983.

_____, 『상징적 형식의 철학. 제1권: 언어』, 박찬국 옮김, 아카넷, 2011.

_____, 『상징적 형식의 철학. 제2권: 신화적 사유』, 박찬국 옮김, 아카넷, 2014.

_____, 『상징적 형식의 철학. 제3권: 인식의 현상학』, 박찬국 옮김, 아카넷, 2019.

_____, 『인간이란 무엇인가』, 최명관 옮김, 창, 2008.

_____, 『문화과학의 논리』, 박완규 옮김, 길, 2007.

2차 문헌

서양근대철학회, 『서양근대철학』, 창작과비평사, 2001.

손화철, 『호모 파베르의 미래』, 아카넷, 2020.

이영희, 『전문가주의를 넘어. 과학기술, 환경, 민주주의』, 한울, 2021.

조창오, 「현행 교양교육 이념과 실러와 헤겔의 예술교육」, 『철학논총』 제92집, 2018, 261~282쪽.

_____, 「데사우어의 기술 개념」, 『대동철학』 제95집, 대동철학회, 2021, 141~167쪽.

_____, 「안더스의 기술 개념과 인간 향상」, 『철학논총』 제112집, 새한철학회, 2023, 263~280쪽.

_____, 「카시러의 기술 개념과 그 현재성」, 『대동철학』 제103집, 대동철학회, 2023년 6월, 271~296쪽.

_____, 「기술과 관계맺기」, 『초연결 시대. 관계의 상전이 연구』, 앨피, 2023, 35~44쪽.

Dessauer, Friedrich, *Philosophie der Technik, Das Problem der Realisierung*, Bonn, 1927.

Ellul, Jacques, *La Technique ou l'enjeu du siècle*, ed. Economica, [2]1990(1954).

Eyth, Max, *Lebendige Krafte. Sieben Vortrage aus dem Gebiete der Technik*, 4. Aufl., Berlin, 1924.

Folkvord, Ingvild and Hoel, Aud Sissel, *Ernst Cassirer on Form and Technology: Contemporary Readings*, Palgrave Macmillan, 2012.

Frazer, James George, 『황금가지』, 이용대 옮김, 한겨레신문사, 2001.

Hegel, G. W. F., 『법철학(베를린, 1921년)』, 서정혁 옮김, 지식을만드는지식, 2020, 68쪽.

Herzog, Felix Alexander, *Der Geist der Technik. Eine kritische Phänomenologie der Technik*, Dissertation, Hamburg, 2017.

Hoel, Aud Sissel, "Technics of Thinking", in: Ingvild Folkvord and Aud Sissel Hoel, *Ernst Cassirer on Form and Technology: Contemporary Readings*, Palgrave Macmillan, 2012, 65~91쪽.

Ihde, Don, 『기술철학』, 김성동 옮김, 철학과현실사, 1998.

Jonas, Hans, 『책임의 원칙: 기술 시대의 생태학적 윤리』, 이진우 옮김, 서광사, 1994.

Kestenberg, Leo(Hrsg.), *Kunst und Technik*, Volksverband der Bucherfreunde, Berlin, 1930.

Krois, John Michael, "The age of complete mechanization", in: *Ernst Cassirer on Form and Technology: Contemporary Readings*, 54~61쪽.

Nordmann, Alfred, 『기술철학 입문』, 조창오 옮김, 서광사, 2021.

Platon, 『크라튈로스』, 김인곤, 이기백 옮김, 이제이북스, 2007.

Recki, Birgit, *Kultur als Praxis, Eine Einführung in Ernst Cassirers Philosophie der symbolischen Formen*, Berlin, Akademie Verlag GmbH, 2004.

Ropohl, Günter, *Allgemeine Technologie. Eine Systemtheorie der Technik*, 3. Aufl, Karlsruhe, 2009(1979).

Sandkühler, Hans Jorg und Pätzold, Detlev(Hrsg.), *Kultur und Symbol. Ein Handbuch zur Philosophie Ernst Cassirers*, Stuttgart, 2003.

Schatzberg, Eric, *Technology. Critical History of a Concept*, The University of Chicago Press, 2018.

Simmel, Georg, "Der Begriff und die Tragödie der Kultur", in: *Gesamtausgabe, Bd. 14, Hauptprobleme der Philosophie, Philosophische Kultur*, Hrsg. von Rüdiger Kramme und Otthein Rammstedt, Frankfurt am Main 1996.

Simondon, Gilbert, 『기술적 대상들의 존재 양식에 대하여』, 김재희 옮김, 그린비, 2011.

Zschimmer, Eberhard, *Philosophie der Technik. Vom Sinn der Technik und Kritik des Unsinns über die Technik*, Jena, Eugen Diederichs, 1914.

철학의 정원 68

카시러의 기술철학 읽기 —인간의 자유를 확장하는 기술

초판1쇄 펴냄 2024년 6월 30일

지은이 에른스트 카시러
옮긴이 및 해설 조창오
펴낸이 유재건
펴낸곳 (주)그린비출판사
주소 서울시 마포구 와우산로 180, 4층
대표전화 02-702-2717 | **팩스** 02-703-0272
홈페이지 www.greenbee.co.kr
원고투고 및 문의 editor@greenbee.co.kr

편집 이진희, 구세주, 정미리, 민승환 | **디자인** 이은솔, 박예은
물류유통 류경희 | **경영관리** 이선희

ISBN 978-89-7682-867-5 93160

독자의 학문사변행學問思辨行을 돕는 든든한 가이드 _(주)그린비출판사